직업으로서의 학문

Wissenschaft als Beruf

Der Nationalstaat und die Volkswirtschaftspolitik

MAX WEBER

직업으로서의 학문

막스 베버 지음 | 이상률 옮김

문예출판사

차 례

일러두기

1. 원주는 각주로 처리했으며 •로 표기했습니다.
2. 옮긴이 주는 각주로 처리했으며 1, 2, 3…과 같이 표기했습니다.
3. 본문 중 〔 〕는 독자의 이해를 돕기 위해 옮긴이가 추가한 것입니다.

직업으로서의
학문

나는 여러분의 요구에 따라 '직업으로서의 학문'에 대해 말하겠습니다. 그런데 우리 경제학자들은 항상 〔문제의〕 외적인 사정으로부터 시작하는 일종의 현학적인 접근 방식을 갖고 있는데, 나도 그러한 접근 방식을 따르려고 합니다. 이 경우 이것은 직업으로서의 학문이 그 말의 물질적인 의미에서 어떤 모습을 취하는가라는 문제로부터 시작한다는 것을 뜻합니다. 그러나 이것은 실제로 오늘날에는 본질적으로 다음과 같은 것을 뜻합니다. 즉 대학을 졸업한 학생이 대학에 남아서 직업적으로 학문에 헌신하려고 결심할 경우, 그가 놓이게 되는 상황은 어떠한가라는 것을 뜻합니다. 우리 독일의 사정이 어느 면에서 특수한가를 이해하기 위해서는 비교하면서 이야기를 진행시켜 나가는 것이 유용할 것입니다. 즉 이 점에서 우리와 가장 뚜렷한 대조를 이루고 있는 외국인 미국의 사정은 어떠한가를 살펴보는 것이 유용할 것입니다.

우리 나라에서는 — 모든 사람이 알고 있는 바와 같이 — 직업으로서의 학문에 헌신하는 젊은이는 보통 그 경력을 '사강사(私講師, Privatdozent)'로서 시작합니다. 해당학과의 대표자와 상의해서 동의를 얻은 다음, 그는 저서와 교수단(敎授團) 앞에서의 시험—대부분의 경우는 형식적인 시험—을 기초로 해서 대학에서 가르칠 수 있는 자격을 얻습니다. 그리고 그는 오로지 학생들의 수강료만 받을 뿐, 어떤 봉급도 받지 못하고 강의합니다. 이 경우, 강의주제는 가르치도록 허락받은 범위 내에서 그 자신이 정합니다. 미국에서는 경력이 보통 전혀 다르게 시작됩니다. 즉 '조교(assistant)'로 임명되는 것으로 시작합니다. 이것은 우리 나라 대학의 자연과학부와 의학부의 큰 연구소에서 흔히 행해지는 방식과 대충 비슷합니다. 우리 나라 대학의 자연과학부와 의학부의 큰 연구소에서는 조교들 중의 일부분만이 사강사로 정식 임명되며, 이것도 나중에 가서야 이루어지는 경우가 종종 있습니다. 〔미국 제도와의〕 이러한 차이는 실제로 다음과 같은 것을 뜻합니다. 즉 우리 나라에서는 학문에 종사하는 사람의 인생경로가 완전히 금권주의적(金權主義的)인 전제에 기초하고 있다는 것입니다. 왜냐하면 일반적으로 대학교수가 되는 데 따르는 여러 조건들에 자신을 내맡긴다는 것은 재산이 없는 젊은 학자에게는 대단히 위험하기 때문입니다. 나중에 그럭저럭 생계를 유지할 수 있는 자리를 잡을 기회가 있을지 없을지도 전혀 모르면서, 그는 적어도 몇 년 동안은 그것을 견디어낼 수 있어야 합니다. 이에 반해 미국에서는 관료제도가 지배하고 있습니다. 거기서는 젊은 사람도 처음부터 봉급을 받습니다. 물론, 얼마 되지는 않습니다. 봉급은 대체로 반(半)숙련공의 급료 정도가 될까 말까 합니다. 어쨌든 그는 고정된 봉급을 받기 때문에, 겉으로 보기에는 안정된 지위에서 시작합니다. 그렇지만 우리 나라의 조교들처럼 해고당할 수 있는 규칙이 있기 때문에, 기대에 미치지 못할 경우 가차 없이 해고당하는 것을 그는 종종 각오하지 않으면 안 됩니다. 그런데 이 기대라는 것은 그가 '강의실을 만원(滿員)이 되게' 한다는 것을 뜻합니다. 독일의 사강사에게는 이런 일이 일어날 수 없습니다. 일단 그 사람을 쓰면 또다시 쫓아낼 수 없습니다. 그는 '어떤 요구'도 할 수 없습니다. 그렇지만 여러 해 근무하면 사람들이 자기를 고려해줄 것이라는 일종의 도의적(道義的)인 권리를 가진다고 그는 〔인간적으로〕 이해할 수 있는 생각을 합니다. 다른 사강사들을 교수로 임명할 수 있을 때에도, 사람들은 〔바로〕 그러한 상황을 고려하고 있습니다. 그리고 이것이 중요한 경우가 종종 있습니다. 원칙적으로 그 능력이 증명된 학자에게는 누구나 강의할 자격을 주어야 하는가, 아니면 '교수수요(敎授需要)'를 고려해야 하는가, 요컨대 현존의 강사들에게 강의의 독점권을 주어야 하는가는 어려운 딜레마인데, 이것은 곧 언급하게 될 대학교수라는 직업의 이중적인 측면과 관련이 있습니다. 대개의 경우 사람들은 두 번째 것으로 결정합니다. 그러나 그것은 해당학과의 주임교수가 주관적으로는 아무리 양심적이라 하더라도 자기 자신의 제자를 우대할 위험을 크게 할 뿐입니다. 나의 경험을 말하면, 개인적으로는 다음과 같은 원칙을 따랐습니다. 즉 그 원칙은 나에게서 학위를 받은 학자는 나 아닌 **다른 사람**에게서 또 다른 대학에서 인정을 받아 강사자격을 얻어야 한다는 것이었습니다. 그러나 그 결과, 나의 가장 유능한 제자 중 한 명이 다른 대학에서 거절당했습니다. 그가 그러한 이유에서 그곳에 보내졌다는 것을 아무도 믿지 않았기 때문입니다.

　미국과의 또 하나의 차이는 다음과 같은 것입니다. 즉 우리나라에서는 일반적으로 사강사는 그가 원하는 것보다 강의에 **덜**(weniger) 관계한다는 것입니다. 물론 그는 권리상으로는 그의 학과의 모든 강의를 할 수 있습니다. 그러나 그러한 짓은 나이가 더 많은 기존(旣存) 강사들에 대한 지나친 무례함으로 여겨집니다. 일반적으로 '중요한' 강의는 교수가 하고, 강사는 부차적인 강의로 만족합니다. 이점(利點)은 비록 본의가 아니긴 하지만, 그가 젊은 시절에 자유롭게 학문을 연구할 수 있다는 것입니다.

미국에서는 조직이 근본적으로 다릅니다. 강사는 봉급을 받고 있기 때문에, 젊은 시절에도 완전히 과도한 부담을 지고 있습니다. 예를 들면 게르만학과에서 정교수(正教授)는 괴테에 대해 〔주당(週當)〕세 시간 정도의 강의를 하면 되지만, 반면에 젊은 조교는 매주 12시간의 강의에서 독일어를 학생들의 머릿속에 억지로 주입시키는 것 이외에 이를테면 울란트[1]급(級)의 시인들에 대해서도 강의하도록 지시를 받는다면 기뻐합니다. 사실 과(科)의 공식적인 결정기관이 강의 계획을 결정하기 때문에, 조교는 우리 나라의 연구소 조교와 마찬가지로 이에 따를 수밖에 없습니다.

그런데 학문의 폭넓은 분야에서 대학제도의 최근 발전이 미국 제도의 방향으로 나아가고 있다는 것을 우리는 분명하게 관찰할 수 있습니다. 의학이나 자연과학의 큰 연구소들은 '국가자본주의'의 기업입니다. 이들 기업은 대규모의 경영수단이 없이는 관리될 수 없습니다. 자본주의적 경영이 나타나는 곳이라면 어느 곳에서나 그러한 바와 같이, 그곳에서도 똑같은 상

---

1   루드비히 울란트(Ludwig Uhland, 1786~1862) : 독일의 시인이자 문학사가.

황이 일어나는데, 그것은 '생산수단으로부터의 노동자의 분리 (Trennung des Arbeiters von den Produktionsmitteln)'입니다. 노동자—즉 조교—는 그 자유로운 처분권이 국가에게 있는 노동수단에 의존하고 있습니다. 따라서 그는 공장의 종업원처럼 연구소장에게 예속되어 있습니다. 왜냐하면 연구소장은 그 연구소가 '자신의' 연구소라고 완전히 선의(善意)에서 생각하면서 연구소를 관리하기 때문입니다. 그러므로 조교의 위치는 흔히 모든 '프롤레타리아와 같은(proletaroide)' 위치 내지는 미국 대학의 조교의 위치와 비슷합니다.

일반적으로 우리의 생활이 그러하듯이, 우리 독일의 대학생활도 매우 중요한 점에서는 미국화되고 있습니다. 과거에 나이 많은 장인(匠人)이 자기 직업에서 그러했던 바와 같이, 직공(職工)이 노동수단(본질적으로는 장서(藏書))을 직접 소유하고 있는 학과들—나의 학과는 아직도 상당한 정도로 이러한 사정에 있습니다만—에서도 이러한 발전이 계속 진척될 것이라고 나는 확신합니다. 이러한 발전이 완전히 진행 중에 있습니다.

자본주의적인 동시에 관료제화된 모든 경영체(經營體)의 경우에서처럼, [이러한 발전에는] 전혀 의심할 바 없는 기술상의 이점이 있습니다. 그러나 그러한 경영체들에서 지배하는 '정신'은 독일 대학의 오랜 역사적 분위기와는 다릅니다. 이러한 종류의 대(大)자본주의적인 대학기업(Universitätsunternehmen)의 우두머리와 낡은 스타일의 일반적인 교수 사이에는 외적으로 나 내적으로나 대단히 큰 차이가 있습니다. 이 차이는 내적인 태도에서도 나타납니다. 〔그렇지만〕 여기에서는 그것을 자세하게 다루고 싶지 않습니다. 오래전부터 내려온 대학**헌법**(Universitätsverfassung)은 외적으로뿐만이 아니라 내적으로도 허구가 되어버렸습니다. 그러나 대학**경력**(Universitätslaufbahn)에 고유한 한 요소는 아직도 없어지지 않았으며 실질적으로는 〔그 역할이〕 커졌습니다. 즉 그러한 사강사가, 게다가 조교가 언젠가 정교수나 연구소 소장의 자리를 차지할 수 있을지는 그야말로 **요행**(Hasard)에 속하는 문제라는 것입니다. 물론 우연만이 지배하는 것은 아닙니다. 그렇지만 그것이 보통이 아닐 정도로 크게 지배하는 것은 사실입니다. 그것이 그 정도로 큰 역할을 하고 있는 직업을 나는 이 지상에서는 거의 알고 있지 못합니다. 당시에 나와 동년배인 사람들이 의심할 바 없이 더 많은 업적을 성취했는데도 불구하고, 내가 매우 젊은 나이에 한 학과의 정교수로 임명된 것은 나 개인적으로는 약간의 절대적인 우연 덕분이었기 때문에, 나는 더욱더 그런 말을 할 수 있습니다. 물론 나는 이러한 경험을 근거로 해서, 많은 사람들의 부당한 운명을 볼 수 있는 날카로운 눈을 지니게 되었다고 자부합니다. 그들에게 있어서는 우연이 정반대로 작용하였으며 또 아직도 정반대로 작용하고 있습니다. 그들은 유능함에도 불구하고 이 선발장치 안에서 그들에게 마땅히 돌아가야 할 자리를 차지하지 못하고 있습니다.

유능함 자체가 아니라 요행이 그처럼 큰 역할을 한다는 사실은 인간적인 약점(Menschlichkeiten)〔인간의 불완전성〕에만 그 책임이 있는 것이 아니며 또 특히 그것에 책임이 있는 것이 결코 아닙니다. 인간적인 약점은 다른 모든 선발의 경우에서와 같이 〔대학에서의〕 이러한 선발에서도 당연히 나타납니다. 그렇게도 많은 평범한 사람들이 의심할 여지 없이 대학에서 주요한 역할을 하고 있다는 사정에 대해서 교수단이나 문교당국자들의 인격적인 결함에 그 책임을 지운다면, 그것은 옳지 않을 것입니다. 오히려 그 책임은 인간들이 협력해서 하는 행위, 특히 여러 단체가―이 경우에는 추천권을 갖고 있는 교수단과 문교당국자들이 ― 협력해서 하는 행위의 법칙 자체에 있습니다. 이와 짝을 이루는 또 한쪽으로서 우리는 여러 세기를 통해서 교황선출에서 그 선례(先例)를 찾아볼 수 있는데, 이것은 그와 같은 종류의 인선(人選) 중에서는 가장 중요한 명백한 예입니다. '인기 있는 사람' 이라고 일컬어지는 추기경이 선출될 가능성은 매우 희박합니다. 오히려 일반적으로는 제2 또는 제3의

후보가 선출됩니다. 이것은 미국의 대통령[선거]의 경우에도 같습니다. 제1후보자로서 가장 두드러진 사람이 당대회에서 '지명' 받는 경우는 단지 예외적일 뿐입니다. 오히려 대부분의 경우엔 제2후보자가, 때로는 제3후보자가 지명받아 나중에 선거에 입후보합니다. 미국 사람들은 [후보자들의] 이러한 범주들을 특징짓기 위해서 이미 사회학적인 전문용어들을 만들어냈습니다. 집합의지에 의해서 형성되는 선출법칙을 이러한 예들을 통해서 연구한다면, 대단히 흥미로울 것입니다. [그러나] 오늘 여기서는 그것을 하지 않겠습니다. 그런데 그 법칙은 대학 교수단에도 통용됩니다. 그리고 놀라운 것은 실수가 종종 일어난다는 것이 아니라, 어쨌든 올바른 임명의 수(數)가 그 모든 것에도 불구하고 비교적 매우 많다는 것입니다. 몇몇 나라의 경우에서와 같이 의회라든가 아니면 종래의 우리 나라의 경우에서처럼 군주들이 (이 두 경우 모두 결과는 똑같습니다) 또는 현재 우리 나라의 경우와 같은 혁명적인 권력자들이 **정치적인** 이유에서 관여하는 곳에서만, 태만하고 평범한 사람들이나 야심가들만이 [임명될 수 있는] 기회를 갖는다고 우리는 확신할 수 있습니다.

대학의 어떤 교수도 자기가 임명될 때 벌어졌던 토론에 대해서 회상하기를 좋아하지 않습니다. 왜냐하면 그 토론이 유쾌

했던 경우가 드물기 때문입니다. 그렇지만 내가 알고 있는 많은 경우에는 순수하게 객관적인 이유를 결정기준으로 삼으려는 선한 **의지**가 예외 없이 있었다고 나는 말할 수 있습니다.

게다가 대학교수가 되는 운명이 그처럼 상당히 '요행'에 의해 결정된다는 사실은 집합적인 의사결정에 의한 선발의 불충분성[결함]에만 그 책임이 있지 않다는 것을 우리는 분명하게 이해해야 합니다. 오히려 학자가 자신의 천직(天職)이라고 느끼는 젊은이라면 그 누구나 자기를 기다리는 과제가 이중적인 측면을 갖고 있다는 것을 명백하게 인식해야 합니다. 그는 학자로서뿐만이 아니라 교사로서도 자질을 갖추고 있어야 합니다. 그런데 이 두 측면은 결코 일치하지 않습니다. 어떤 사람은 학자로서는 대단히 탁월하면서도 교사로서는 정말 놀랄 정도로 좋지 않을 수 있습니다. 나는 헬름홀츠[2]나 랑케[3]와 같은 사람들의 교사로서의 활동을 [여러분에게] 상기시키고 싶습니다. 이들은 결코 드문 예외가 아닙니다. 사실, 사정은 다음과 같습니다. 우리 나라의 대학들, 특히 작은 대학들은 서로 학생들을

2　헤르만 루드비히 페르디난트 폰 헬름홀츠(Hermann Ludwig Ferdinand von Helmholtz, 1821~1894) : 독일의 생리학자 겸 물리학자.

3　레오폴드 폰 랑케(Leopold von Ranke, 1795~1886) : 독일의 역사가.

끌어들이기 위해서 아주 우스꽝스러운 경쟁을 벌이고 있습니다. 대학도시의 하숙집주인들은 천 명째의 학생이 오면 축제를 베풀어서 축하하며, 이천 명째의 학생이 오면 아주 기꺼이 횃불행렬을 통해 축하합니다. 수강료의 수익은—이것은 솔직하게 인정하지 않으면 안 됩니다만—바로 인접한 학과들에 '인기 있는'〔많은 학생들을 끌어모으는〕 교수가 있다는 것으로부터도 영향을 받습니다. 또 그러한 점을 도외시한다 하더라도, 수강생의 수가 숫자상으로 파악할 수 있는 〔교사로서의 자질〕 증명의 표지(標識)인 것은 확실합니다. 〔물론 그것으로〕 학자로서의 자질을 측정할 수는 없으며, 특히 대담한 〔학설〕 개혁자들의 경우에는 종종 (그리고 완전히 당연하게도) 그 자질이 논란의 대상이 되고 있지만 말입니다. 따라서 모든 것은 대체로 수강생의 수가 많다고 하는 것이 가져오는 엄청난 수익과 그 평가에 대한 이러한 암시(Suggestion) 하에 있습니다. 만약 어느 강사에 대해서 그가 교사로서는 좋지 않다는 소문이 있다면, 설령 그가 세계 최고의 학자라 하더라도, 그것은 그에게는 대학에서의 사형선고나 거의 다를 바 없습니다. 따라서 어떤 사람이 좋은 교사인지 아니면 좋지 않은 교사인지라는 문제는 학생 여러분들이 그에게 베풀어주는 출석수(出席數)로 대답되고 있습니다. 그런데 학생들이 어느 한 교사에게 몰려드는 사태가 매우 상당한

정도로는—믿을 수 없을 정도로—순수하게 〔학문〕 외적인 요
인들, 즉 〔교사의〕 열정(Temperament)이나 심지어는 목소리의
억양 같은 것들에 의해서 초래되고 있다는 것이 사실입니다.
나는 어쨌든 풍부한 경험과 냉정한 반성을 통해, 많은 학생들
이 듣는 강의들에 대해서는—그러한 강의가 불가피하더라
도—깊은 불신(不信)을 하고 있습니다. 〔수로 결정하는〕 민주주
의는 그것이 적합한 곳에만 적용되어야 합니다. 사실, 우리가
독일 대학의 전통에 따라서 대학에서 행해야 하는 학문훈련은
정신귀족적인(geistesaristokratische) 문제입니다. 우리는 이것을
숨겨서는 안 됩니다. 그렇지만 훈련받지는 않았어도 수용할 수
는 있는 머리가 학문의 문제를 이해할 수 있도록 또 그가—그
리고 이 점이 우리들에게는 결정적으로 중요한 유일한 것입니
다만—그 문제에 대해 독자적으로 생각할 수 있도록 설명하
는 것은 아마도 모든 것 중에서 가장 중요한 교육임무일 것이
라는 말도 또 한편으로는 물론 사실입니다. 그러나 확실한 것
은 수강생의 수가 그 임무의 성취 여부를 결정하는 것이 아니
라는 사실입니다. 그리고—우리의 주제로 다시 돌아가면—
이러한 기술은 개인의 천부적(天賦的)인 재능일 뿐, 학자로서
의 학문적 자질과는 결코 일치하지 않습니다. 프랑스와는 달리
우리 나라에는 학문상의 '불사자들(不死者, Unsterblichen)'의 단

체[4]가 없지만, 그러나 대학들은 우리의 전통에 따라서 연구와 가르침이라는 두 요구 모두에 응해야 합니다. 그렇지만 그렇게 할 수 있는 능력들이 한 사람에게서 함께 만나는가는 절대적으로 우연에 달려 있습니다.

이와 같이 대학사회는 거친 우연에 맡겨져 있습니다. 젊은 학자들이 강사가 되는 것에 관해 조언을 구하러 올 때, 그들을 격려했다고 해서 〔우리들이〕 그 책임을 질 수는 거의 없습니다. 젊은 학자가 유태인이라면, 사람들은 그에게 당연히 '모든 희망을 버리라(lasciate ogni speranza)'[5]고 말합니다. 그러나 〔유태인이 아닌〕 다른 모든 사람들에게도 다음과 같이 솔직하게 묻지 않으면 안 됩니다 : "당신은 평범한 동료들이 해마다 당신을 앞질러 승진해나가는 것을 보고도 화내거나 기분 나빠하지 않으면서 견딜 수 있다고 생각하느냐?" 그러면 말할 필요도 없이 그때마다 다음과 같은 대답을 받습니다 : "물론입니다. 나는 단지 나의 천직을 위해서 살 뿐입니다." 그렇지만 적어도 나

---

4 프랑스 한림원(Academie française)을 가리킨다. 회원이 사망하면 새로운 회원이 선발 보충되어 언제나 40명을 유지할 수 있도록 되어 있다.
5 'lasciate ogni speranza, voi ch'entrate'의 생략형인데, 단테의 《신곡(神曲)》에 있는 지옥 입구에 걸려 있는 구절이다.

개인적으로는 그들이 내적인 상처를 입지 않고 그것을 참아내는 예는 매우 소수의 사람들에게서만 보았습니다.

학자라는 직업의 외적인 조건에 대해서 이 정도는 말할 필요가 있다고 생각되었습니다.

그러나 여러분은 실제로 어떤 다른 것에 대해서, 즉 학문에 대한 **내적인** 소명에 대해서 듣고 싶어 할 것이라고 나는 믿습니다. 오늘날 직업으로서의 학문의 조직에 비하면, 그 내적인 소명은 우선 학문이 예전에는 볼 수 없을 정도로 전문화단계에 들어갔으며 또 이러한 사정은 앞으로도 계속 그러할 것이라는 사실에 의해 제약되어 있습니다. 외적으로뿐만이 아니라, 아니 바로 내적으로도 사정이 그러하기 때문에, 개인이 학문 영역에서 진실로 아주 완전한 것을 성취했다는 확실한 의식을 지닐 수 있는 것은 가장 철저한 전문화를 했을 경우뿐입니다. 우리가 종종 행하고 있고 또 예를 들면 특히 사회학자들이 부득이하게 항상 행할 수밖에 없는 바와 같이, 인접 영역에 침범하는 모든 연구는 기껏해야 그 [인접 영역의] 전문가에게 그의 전문적인 관점에서는 그토록 쉽게 떠오르지 않는 유용한 **문제제기**를 제공하는 것이며 그리고 우리 자신의 연구도 불가피하게 극도로 불완전한 상태에 있을 수밖에 없다는 것을 [어느 정도] 체념하면서 받아들이고 있습니다. 학문에 종사하는 자가, 이번에

나는 **오래갈**(dauern) 무엇인가를 성취했다는 만족감을 실제로 인생에서 아마도 두 번 다시 없이 한 번이라도 느낄 수 있는 것은 오로지 엄격한 전문화를 통해서뿐입니다. 오늘날 진실로 결정적이며 가치 있는 업적은 항상 전문적인 업적입니다. 그러므로 말하자면 가죽 눈가리개를 일단 끼고서 이 친필 원고의 이 구절에 대해서 이러한, 바로 이러한 판독(判讀)을 올바르게 하는 것에 자기 영혼의 운명이 달려 있다는 생각에 빠져들 능력이 없는 사람은 누구나 학문을 멀리하십시오. 그런 사람은 사람들이 학문의 '체험(Erlebnis)'이라고 부를 수 있는 것을 결코 자기 내부에서 경험하지 못할 것입니다. 학문과는 무관한 모든 사람들로부터는 비웃음을 당하는 저 기이한 도취, 저 정열, 아울러 네가 그 판독에 성공하는 것을 〔보는 데에는〕 '네가 태어나기 전에 수천 년이 경과할 수밖에 없었으며, 또 다른 수천 년이 침묵하면서 기다리고 있다'는 저 확신이 없는 사람은 학문에 대한 소명이 **없는** 것이니, 어떤 다른 일을 하십시오. 왜냐하면 **정열**을 갖지 않고서도 할 **수 있는** 것은 인간으로서의 인간에게는 가치 있는 것이 아니기 때문입니다.

그러나 정열이 아무리 많고 순수하며 깊다 하더라도, 그러한 정열만으로는 결과를 억지로라도 좀처럼 얻어내지 못한다는 것은 사실입니다. 물론 정열은 '영감(Eingebung)'이라는 결정적인 것의 전제조건입니다. 오늘날 젊은이들 사이에 매우 널리 퍼져 있는 생각은 학문이 모든 '혼(Seele)'보다는 단지 냉정한 이해력만을 동반하면서 '공장에서' 처럼 실험실이나 통계실에서 만들어지는 계산문제가 되어버렸다는 것입니다. 이때 무엇보다도 먼저 언급해야 할 것은 그렇게 말하는 사람들 대부분은 공장이나 실험실에서 일어나는 일이 무엇인지를 분명하게 알고 있지 못하다는 것입니다. 공장에서나 실험실에서나 어떤 가치 있는 일을 하기 위해서는 어떤 것 ─ 실로 올바른 것 ─ 이 사람의 머리에 **떠올라야** 합니다. 그렇지만 이러한 **착상**(着想)은 억지로는 안 됩니다. 이것은 그 어떤 냉정한 계산과도 관계가 없습니다. 물론 그것〔계산〕도 역시 필수불가결한 전제조건입니다. 예를 들어 사회학자는 늙은 뒤에도 어쩌면 몇 개월간이나 아주 시시한 몇 만 개의 계산 문제를 머릿속에서 하기에는 자신이 너무 어울리지 않는다고 생각해서는 결코 안 됩니다. 어떤 결과를 얻고자 할 때, 그 작업을 기계적인 조수(助手)들에게 맡겨버리면 반드시 좋지 않습니다. 그리고 마침내 나오는 결과도 대개는 극히 적습니다. 그러나 자신의 계산의 방향〔목적〕에 대해서 그리고 계산하는 도중에 나오는 개개의 결과의 의의(意義)에 대해서 어떤 명확한 생각이 그에게 '떠오르지' 않는다면, 이 극히 적은 결과조차도 나오지 않습니다. 보통 착상(着

想)은 아주 힘든 일을 근거로 해서만 나옵니다. 물론 언제나 그런 것은 아니지만 말입니다. 학문에서는 아마추어의 착상이 전문가의 그것과 바로 똑같거나 아니면 그보다 더 큰 의의를 지닐 수 있습니다. 우리들의 가장 좋은 문제제기와 인식 중 많은 것은 바로 아마추어들 덕분에 얻은 것입니다. 아마추어가 전문가와 구별되는 점은 단지 — 헬름홀츠가 로베르트 마이어[6]에 대해 말한 바와 같이 — 아마추어에게는 작업방법의 확고한 확실성이 결여되어 있기 때문에 그로서는 대개의 경우 착상의 의의를 사후검증하고 평가하거나 그 착상을 일관되게 전개시킬 수 없다는 사실뿐입니다. 착상이 작업을 대신하지 못합니다. 또 작업도 착상을 대신하거나 억지로 만들어낼 수 없는데, 이것은 정열이 그렇게 하지 못하는 것과 같습니다. 이 둘[작업과 정열]이 — 특히 그 둘이 **합쳐져서** — 착상을 일으키는 것입니다. 그러나 착상은 자기 좋을 때 나타나지, 우리가 원할 때 나타나지 않습니다. 가장 좋은 생각은 예링[7]이 기술하는 바와 같이 소파에 앉아서 담배를 피우고 있을 때라든가, 또는 헬름홀츠가 자연과

6　율리우스 로베르트 폰 마이어(Julius Robert von Mayer, 1814~1878) : 독일의 의사이자 물리학자.

7　루돌프 폰 예링(Rudolf von Jhering, 1818~1892) : 독일의 법학자.

학적 정밀성을 갖고서 자신의 경우에 대해 말하는 바와 같이 완만한 비탈길을 산책하고 있을 때라든가 아니면 그와 비슷한 경우에 나타난다고 하는 것은 사실 옳습니다. 어쨌든 그런 생각들은 책상에 앉아서 골똘히 생각하며 연구할 때 나타나는 것이 아니라, 오히려 그것들을 기대하고 있지 않을 때 나타납니다. 물론 책상에 앉아 골똘히 생각하면서 대답을 정열적으로 찾지 않았다면, 좋은 생각이 떠오르지 않았을 것입니다. 어쨌든 학문을 연구하는 사람은 모든 과학연구의 밑에 깔려 있는 이러한 요행, 즉 '영감'이 떠오르느냐 안 떠오르느냐도 감수하지 않으면 안 됩니다. 어떤 사람은 훌륭한 연구가이면서도 그 자신의 가치 있는 착상을 갖지 못했을 수도 있습니다. 하지만, 이러한 사정은 학문에서만 그러하며, 예를 들어 〔상점의〕계산대에서는 사정이 실험실의 경우와는 다르다고 생각하는 것은 대단한 잘못입니다. '상인적인 상상력'이 없는, 다시 말해서 착상, 독창적인 생각이 없는 상인이나 대실업가는 평생 점원이나 기술 공무원으로 머물러 있는 편이 가장 좋을 사람에 불과합니다. 그런 사람은 조직의 새로운 형태를 결코 만들어내지 못할 것입니다. 영감이 — 학자의 오만함이 생각하는 것처럼 — 근대적인 사업가가 실생활문제를 관리하는 영역에서보다 학문의 영역에서 더 큰 역할을 하는 것은 결코 아닙니다. 또 한편으로는 이것도 역시 종종 오해되고 있는데 — 영감이 〔학문 영역에서는〕 예술 영역에서보다도 더 적은 역할을 하고 있는 것도 아닙니다. 수학자는 자나 그 밖의 기계적인 수단 또는 계산기나 갖고서 책상에 앉으면 학문적으로 가치 있는 그 어떤 결과에 도달할 것이라고 생각한다면, 그것은 유치한 생각입니다. 바이어슈트라스[8] 같은 사람의 수학적 상상력은 그 의미와 결과에서는 당연히 예술가의 상상력과는 전혀 다른 방향을 향하고 있으며 질적으로도 그것과는 근본적으로 다릅니다. 그러나 심리적인 과정에서는 다르지 않습니다. 양쪽의 심리적인 과정은 둘다 도취(플라톤의 '마니아(Mania)' 〔열중, 열광〕라는 의미에서의)와 '영감' 입니다.

그런데 어떤 사람이 학문상의 영감을 갖고 있는지 아닌지는 우리들에게 숨겨진 운명에 달려 있습니다만, 또한 '천부적인 재능' 에도 달려 있습니다. 어쨌든 이 의심할 바 없는 진리 때문은 아닙니다만, 매우 통속적인 생각이 특히 젊은이들 사이에서는 아주 명백할 정도로 몇몇 우상을 떠받들게 하였습니다. 오늘날에는 그 우상들에 대한 숭배가 모든 길모퉁이와 모든 잡

---

8   카를 테오도르 바이어슈트라스(Karl Theodor Weierstraß, 1815~1897) : 독일의 수학자. 해석학의 기초를 확립했다.

지에서 널리 행해지는 것을 볼 수 있습니다. 그 우상들이란 '인격(Persönlichkeit)'과 '체험(Erleben)'입니다. 이 둘은 서로 밀접하게 결합되어 있습니다. 왜냐하면 체험이 인격을 만들어내며 또 인격의 일부분이라는 관념이 지배하고 있기 때문입니다. 사람들은 '체험하기' 위해 애씁니다. 왜냐하면 그것이 인격을 지닌 사람에게 어울리는 생활태도라고 생각하기 때문입니다. 그리고 체험하는 데 성공하지 못하면, 적어도 이 은총의 선물(인격)은 갖고 있는 것처럼 행동해야 한다고 사람들은 생각하고 있습니다. 전에는 이 '체험'을 독일어로는 '감동(Sensation)'이라고 불렀습니다. '인격'이 무엇이며 무엇을 뜻하는지에 대해서는 (이전의) 사람들이 더 적절한 생각을 지녔다고 나는 생각합니다.

존경하는 참석자 여러분! 학문 영역에서는 **일에 완전히 헌신**하는 사람만이 '인격'이 있습니다. 그리고 이것은 학문 영역에서만 그런 것이 아닙니다. 우리들이 알고 있을 정도로 위대한 예술가라면, 그는 자기 일에 오로지 자기 일에만 헌신하는 것 이외에는 결코 다른 일을 하지 않았을 것입니다. 괴테 정도의 인물이라도 자기 '생활'을 예술작품으로 만들려고 제멋대로 했다면, 예술에 관한 한은 그 업보(業報)를 받았을 것입니다. 그러나 이 말을 의심한다 하더라도, 어쨌든 그것을 감히 해도 좋

28

기 위해서는 정말로 괴테 정도가 되어야 합니다. 그리고 적어도 천 년에 한 번 나타나는 그와 같은 사람의 경우에도 그 대가를 치르지 않을 수 없다는 것은 모든 사람이 인정할 것입니다. 정치의 경우에도 사정이 다르지는 않습니다. 〔그렇지만〕 오늘은 정치에 대해서는 말하지 않겠습니다. 그러나 학문의 영역에서 매우 확실한 것은 다음과 같은 사실입니다. 즉 자신이 헌신해야 할 일에 그 지휘자(impresario)〔감독, 흥행주〕로서 무대에 나타나는 사람, 체험을 통해서 자신을 정당화하려는 사람, 어떻게 하면 자신이 단순한 '전문가'와는 다른 어떤 존재임을 증명할 수 있을까 또 어떻게 하면 형식이나 내용에 있어서 다른 사람이 말하지 않은 것을 말할 수 있을까라고 묻는 사람, 이런 사람은 결코 '인격'을 지닌 사람이 아니라는 사실입니다. 이러한 행동은 오늘날 대대적으로 나타나는 현상인데, 어디에서나 그 결과는 보잘것없으며, 또 그렇게 묻는 사람의 가치를 떨어뜨리고 있습니다. 그 대신 임무에, 오직 임무에만 내적으로 몰두하는 것은 그를 그 자신이 헌신한다고 주장하는 일의 절정에 오르게 하며 또 그 일의 가치와 함께 그 자신을 드높여줍니다. 이것은 또한 예술가의 경우에도 다르지 않습니다.

그렇지만 우리의 〔학문〕 연구와 예술에게 공통된 그러한 전제조건 맞은편에는 우리의 연구를 예술작업과 구분짓는 한 운명이 있습니다. 학문연구는 **진보**(Fortschritt)라는 흘러감 속에 얽매여 있습니다. 이에 반해 예술 영역에는 — 그러한 의미의 — 진보가 없습니다. 새로운 기술수단이나 가령 원근법이 얻어낸 한 시대의 예술품이 그러한 수단과 법칙에 대한 지식이 전혀 없는 예술품보다 그러한 이유에서 〔새로운 기술수단이나 원근법을 사용했다고 해서〕 순수하게 예술적으로 더 뛰어나다는 것은 사실이 아닙니다 — 그 예술품이 재료와 형태에서 올바르기만 **했다면**, 다시 말해서 그러한 조건과 수단을 사용하지 않고서도 예술적으로 행해져야 하는 대로 그 대상을 선택해서 형상화했다면 말입니다 —. 진실로 '성취(Erfüllung)'된 예술품은 〔다른 예술품에 의해〕 능가되는 일이 없을 것입니다. 또 그것은 시대에 뒤떨어지는 일도 없을 것입니다. 각각의 사람은 자신에게 있어서 그 예술품의 의의를 개인적으로는 다르게 평가할 수 있습니다. 그러나 예술적인 의미에서 진실로 '성취'된 작품에 대해서는, 그것이 역시 마찬가지로 '성취'된 다른 작품에 의해서 '낡아빠진 것이 된다'고는 결코 아무도 말할 수 없을 것입니다. 이에 반해 학문에서는 자기가 연구한 것이 10년, 20년, 50년이 지나면 시대에 뒤떨어진 것이 된다는 사실을 우리 모두는 알고 있습니다. 이것이 학문연구의 운명입니다. 실로 그것은 역시 똑같은 사정에 있는 그 밖의 모든 문화요소에 비하면 매우 특수한 의미에서 학문연구가 복종하고 헌신하는 **의미**(Sinn)입니다. 학문상의 모든 '성취'는 새로운 '질문'을 뜻합니다. 그리고 그것은〔또 다른 성취에 의해〕'능가' 되어 시대에 뒤떨어지기를 **원합니다**(will). 학문에 몸을 바치고자 하는 자는 누구나 이것을 감수해야 합니다. 물론 학문상의 업적들이 그 예술적인 성질 때문에 '향유수단(Genußmittel)'으로서 또는 연구를 위한 훈련수단으로서 오랫동안 변함없이 중요성을 지니는 경우도 있을 수 있습니다. 그러나 학문에서는 능가된다는 것이 — 반복해서 말합니다만 — 우리 모두의 운명일 뿐만 아니라 우리 모두의 목적이기도 합니다. 우리는 다른 사람들이 우리보다 더 멀리 나가기를 바라지 않고서는 연구할 수 없습니다. 이러한 진보는 원칙적으로 무한히 계속됩니다. 여기서 우리는 학문의 **의미문제**(Sinnproblem)에 당면합니다. 왜냐하면〔진보라는〕그러한 법칙에 복종하는 것이 본질적으로 의미가 있다는 사실이 별로 자명(自明)하지 않기 때문입니다. 실제로 결코 끝나지 않으며 또 끝날 수도 없는 것을 사람들은 왜 하는 것입니까? 그 이유는 우선, 순수하게 실용적인, 즉 기술적인 — 이 말의 보다 더 넓은 의미에서의 — 목적을 위해서라고 사람들은 말합니다. 달리 말하면, 우리의 실제 행동을 과학경험이 암시하는 기대에 맞춰 바로잡을 수 있기 위해서라고 사람들은 말합니다. 좋습니다.

그렇지만 그것은 실천가에게만 중요한 의미가 있을 뿐입니다. 그리고 자신의 직업에 대한 학자 자신의 내적인 태도는 무엇입니까? ― 요컨대 그가 그러한 것을 아무튼 추구한다면 말입니다 ― 그는 다음과 같이 주장합니다. 즉 단순히 다른 사람들이 사업이나 기술에서 성과를 얻도록 하기 위해서, 또는 더 잘 먹고, 더 잘 입고, 더 밝게 불을 비추며 자신을 더 잘 통제하도록 하기 위해서만 학문에 종사하는 것이 아니라, '학문 자체를 위해서' 학문에 종사한다고 말합니다. 항상 시대에 뒤떨어지도록 되어 있는 이 창조물을 갖고서, 요컨대 전문적으로 나뉘어져 있으며 무한 속을 달리는 이 작업에 자신을 얽어맴으로써 도대체 그는 그 어떤 의미 있는 것을 성취한다고 믿고 있습니까? 이 문제는 일반적인 몇 가지 사항을 깊이 살펴볼 것을 요구하고 있습니다.

학문의 진보는 우리가 몇천 년 전부터 복종해온 저 주지주의화과정(主知主義化過程, Intellektualisierungsprozeß)의 한 단편, 더욱이 가장 중요한 단편입니다. 그런데 이 주지주의화과정에 대해서는 오늘날 일반적으로는 아주 대단히 부정적인 입장이 취해지고 있습니다.

우선 과학과 과학기술에 의한 이 주지주의적 합리화가 도대체 실제로 무엇을 뜻하는지를 명백히 해봅시다. 가령 그것은 오늘날의 우리가—예를 들면, 여기 강당에 앉아 있는 사람 모두가—인디언이나 호텐토트(Hottentotte)인[9]보다 자신이 살고 있는 생활조건에 대해서 더 잘 알고 있다는 것을 뜻합니까? 거의 그렇지 않습니다. 전차를 타는 우리 중의 누구도—그가 전문 물리학자가 아니라면—전차가 어떻게 해서 움직이게 되는지를 전혀 알지 못합니다. 또 그것에 대해 알 필요도 없습니다. 시내 전차의 움직임에 '의지' 할 수 있으면, 그는 그것으로 충분합니다. 즉 그는 자신의 행동을 전차의 움직임에 맞추면 됩니다. 그러나 전차가 어떻게 만들어졌기에 그렇게 움직이는가에 대해서는 그는 아무것도 모릅니다. 그러나 미개인은 자신의 도구에 대해서〔우리와는〕비교할 수 없을 정도로 훨씬 더 그것을 잘 알고 있습니다. 이 강당에 나의 동료 경제학자들이 있더라도 나는 장담합니다만, 오늘날 우리가 돈을 지불할 때 돈으로 물건을—때로는 많이, 때로는 적게—살 수 있는 일이 어떻게 해서 일어나느냐라는 질문에 대해서는 그들 거의 모두가 다른 대답을 준비하고 있을 것입니다.〔그러나〕미개인은 매일매일의 식량을 얻기 위해서는 어떻게 해야 하는지, 또 어떤 가

---

9 남아메리카의 유목민.

르침이 그렇게 하는 데 도움이 되는지를 알고 있습니다. 그러므로 주지주의화와 합리화가 증대하고 있다고 해서, 그것이 자신이 처해 있는 생활조건에 대한 일반적인 지식이 증대하고 있다는 것을 뜻하지는 **않습니다**. 오히려 그것은 다른 것을 뜻합니다. 즉 그것은 **원하기만** 한다면 언제라도 배워서 알 **수 있다**는 것, 따라서 생활에 개입하는 그 어떤 힘도 근본적으로는 결코 신비하고 계산할 수 없는 힘이 아니라는 것, 오히려 모든 사물은—원칙적으로는—**계산**을 통해 **지배**할 수 있다는 것을 〔우리들이〕 알고 있거나 그렇게 믿고 있다는 것을 뜻합니다. 그런데 이것은 세계의 탈주술화(Entzauberung der Welt)를 뜻합니다. 그러한 〔신비하고 계산할 수 없는〕 힘의 존재를 믿은 미개인처럼, 정령을 지배하거나 간원(懇願)해서 그 마음을 움직이기 위해 이제는 더 이상 주술적인 수단에 호소할 필요가 없습니다. 오히려 기술적인 수단과 계산이 그것을 성취합니다. 무엇보다도 이것이 주지주의화 자체를 뜻합니다.

그러면 서구문화에서 몇천 년 동안 계속되어온 이 탈주술화과정과 일반적으로 말해서 과학이 그 일부분인 동시에 추진력으로서 속해 있는 이 '진보'가 이처럼 순수하게 실용적이고 기술적인 것 이외에 도대체 어떤 의미를 갖고 있습니까? 여러분은 이 문제가 레오 톨스토이(Leo Tolstoi)의 작품들 속에 가장 근본적으로 제시되어 있다는 것을 알고 있습니다. 그는 독특한 방법으로 이 문제에 도달하였습니다. 그가 골똘히 생각한 모든 문제는 점점 더 다음과 같은 질문을 중심으로 해서 맴돌았습니다 : "죽음은 의미 있는 현상인가 아닌가?" 그의 대답은 문화인에게 있어서는 아니라는 것이었습니다. 그 이유는 '진보'와 무한 속에 빠져 있는 문화인 개개의 삶은 그 자신의 내재적인 의미에 따라서 결코 종결을 지닐 수 없기 때문이라는 것이었습니다. 사실, 진보 속에 있는 자 앞에는 변함없이 앞으로 나가는 것만이 있습니다. 죽는 사람은 그 누구도 절정에 서지 못합니다. 그 절정은 무한 속에 있기 때문입니다. 아브라함(Abraham)이나 고대의 그 어떤 농부도 생명의 유기적인 순환 속에 있었으며 또한 그들의 인생도 말년에는 그것이 줄 수 있는 모든 의미를 주었기 때문에 그리고 그들이 풀고 싶은 수수께끼도 더 이상 남아 있지 않아서 그것으로 '만족' 할 수 있었기 때문에, 그들은 '나이를 먹고 인생을 만끽하면서(alt und lebensge-sättigt)' 죽었습니다. 그러나 사상, 지식, 문제들로 문명이 계속 풍부해지는 흐름 속에 놓여 있는 문화인은 '생활에 지칠' 수는 있어도, 인생을 만끽할 수는 없습니다. 왜냐하면 그는 정신생활이 항상 새롭게 산출하는 것 중에서 극히 작은 부분만을, 그것도 항상 최종적인 것이 아니라 일시적인 것만을 재빨리 붙잡기 때문입니다. 따라서 죽음이란 그에게 있어서는 의미 없는 하나의 사건입니다. 그리고 죽음의 의미가 없기 때문에, 문화생활 자체도 의미가 없습니다. 문화생활이 죽음을 의미 없는 것으로 낙인찍는 이유는 바로 그 자신의 의미 없는 '진보성' 때문입니다. 이러한 사상은 톨스토이 예술의 기조(基調)로서 그의 후기 소설에서는 어디에서나 찾아볼 수 있습니다.

이에 대해서는 어떤 입장을 취해야 할까요? 진보에 대한 헌신이 의미 있는 소명이 될 수 있을 만큼, '진보' 자체가 기술적인 것을 넘어선다고 인정할 수 있는 의미를 갖고 있습니까? 이러한 질문은 반드시 제기해야 합니다. 그러나 이것은 더 이상 **학문에 대한** 소명을 묻는 것, 요컨대 학문에 몸을 바치는 자에게 있어서 직업으로서의 학문은 무엇을 뜻하는가 하는 문제가 아니라, 이미 다른 것을 묻는 것입니다. 즉 인간의 생활 전체 속에서의 **학문의 사명**은 무엇이며 또 그것의 가치는 무엇인가를 묻는 것입니다.

그런데 〔이 점에 관해서는〕 과거와 현재 간의 차이가 엄청납니다. 플라톤의 《국가론(Politeia)》 제7편 첫머리에 있는 놀라운 비유, 즉 동굴 속에서 쇠사슬에 묶여 있는 사람들을 상기해보십시오. 그들의 얼굴은 그들 앞에 있는 암벽(岩壁)을 향하고 있으며, 그들 등 뒤에는 광원(光源)이 있습니다. 그러나 그들은 그것을 볼 수 없습니다. 그래서 그들은 그 빛이 벽에 비추는 그림자들만을 마주 대하고서 그 그림자들 간의 관계를 해명하려고 애쓰고 있습니다. 그러다가 그들 중의 한 명이 사슬을 끊어버리는 데 성공해서 뒤돌아서 태양을 쳐다봅니다. 〔그러나〕 그는 눈이 부셔 주위를 더듬으면서 자기가 본 것에 대해 더듬더듬 말합니다. 다른 사람들은 그가 미쳤다고 말합니다. 그러나 차츰 빛을 보는 데 익숙해집니다. 그러고 나면, 그의 임무는 동굴에 있는 사람들에게 내려가서 그들을 빛 쪽으로 데리고 올라오는 것입니다. 그는 철학자에 해당되며 태양은 학문의 진리를 나타내는데, 이것만이 가상(假想)과 그림자가 아닌 진정한 존재를 붙잡으려고 합니다.

그러면 오늘날에는 누가 학문에 대해 그러한 태도를 취하고 있을까요? 특히 오늘날의 젊은이들은 오히려 그 반대로 느끼고 있습니다. 즉 학문이라는 사유 구성물은 인위적인 추상들의 비실제적인 왕국이며, 이 인위적인 추상들은 그 마른 손으로 현실생활의 피와 활기를 낚아채려고 하지만 결코 성공하지 못하고 있다는 것입니다. 그러나 바로 이 생활 속에서 ― 즉 플라톤에게 있어서는 동굴벽에서의 그림자들의 움직임이었던 것 속에서 ― 참된 실재(實在)가 꿈틀거리고 있다는 것입니다. 말하자면 다른 것들은 그 참된 실재로부터 파생되는 생명 없는

환영(幻影)일 뿐 그 밖에 아무것도 아니라는 것입니다. 〔그러면〕
이러한 변화는 어떻게 해서 일어났습니까?《국가론》에서의 플
라톤의 열광적인 감격은 결국 모든 과학적 인식의 중대한 수단
중 그 하나의 의미가 당시에 처음으로 의식되어 발견되었다는
사실에 의해 설명되는데, 그 수단이란 **개념**(Begriff)을 말하는
것입니다. 그것의 의의는 소크라테스에 의해서 드러났습니다.
물론 소크라테스만이 개념의 의의를 이해한 것은 아닙니다. 인
도에서도 아리스토텔레스의 그것과 매우 유사한 논리학의 맹
아(萌芽)를 찾아볼 수 있습니다. 그러나 〔그리스 이외의〕 다른 곳
에서는 개념의 중요성에 대한 그러한 의식이 없었습니다. 자기
가 아무것도 모른다는 것을 인정하거나 아니면 다름 아닌 바로
이것이 진리 ─ 눈먼 사람들의 일거일동처럼, 사라지지 않는
영원한 진리 ─ 라는 것을 인정하지 않고서는 빠져나올 수 없
도록 사람을 논리적인 나사 바이스(Schraubstock)에 집어넣을
수 있는 수단을 처음으로 사용할 줄 알았던 것은 그리스 사람
들이었습니다. 이것은 엄청난 체험이었는데, 이러한 체험은 소
크라테스의 제자들에게서 그 꽃이 피었습니다. 이 때문에 사람
들은 진(眞), 선(善), 또는 용기나 영혼 ─ 또 그 어떤 것이든 ─
에 대해 올바른 개념을 찾아내기만 한다면, 그것들의 진정한
존재도 파악할 수 있을 것이라고 생각했습니다. 이것은 또다시

사람들이 생활에서 특히 공민(公民)으로서 올바르게 행동하려면 어떻게 해야 하는지를 알고 또 〔그것을〕 가르치는 방법을 암시해준다고 생각되었습니다. 왜냐하면 철두철미하게 정치적으로 사고하는 고대 그리스인들에게는 모든 것이 이 문제에 달려 있었기 때문입니다. 사람들이 학문에 힘쓴 것도 그 때문이었습니다.

고대 그리스인의 이러한 발견 이외에 과학연구의 두 번째 중대한 도구가 르네상스시대의 산물로서 나타났는데, 그것은 경험을 믿을 수 있게끔 검증하는 수단인 합리적인 실험이었습니다. 이것이 없었다면, 오늘날의 경험과학은 불가능했을 것입니다. 물론 그 이전에도 실험은 있었습니다. 예를 들면 인도에서는 요가의 금욕술과 관련해서 생리학적인 실험이 있었으며, 고대 그리스에서는 전쟁기술상의 목적을 위해, 중세 때에는 광산채굴을 위해 수학적인 실험을 하였습니다. 그러나 실험을 연구원리 자체로까지 높인 것은 르네상스의 업적입니다. 더욱이 그 개척자들은 **예술** 영역에서의 위대한 개혁가들, 즉 레오나르도[10]와 그 같은 사람들이었습니다. 특히, 실험건반을 사용한 16세기의 음악실험자들이 특징적이었습니다. 이들로부터 시작해서 실험이 특히 갈릴레이를 거쳐 과학 속으로 들어갔으며, 베이컨을 거쳐서는 이론 속으로 들어갔습니다. 그 후에는 〔유럽〕

대륙의 대학들, 특히 맨 처음에는 이탈리아와 네덜란드에 있는 대학들에서 정밀과학 관계의 여러 학과들이 그것을 계승하였습니다.

그러면 학문[과학]은 근대의 문턱에 있는 이 사람들에게는 무엇을 뜻하였을까요? 레오나르도와 같은 예술실험자들과 음악개혁자들에게는 그것은 **진정한** 예술에 도달하는 길을 의미하였는데, 그 길은 그들에게는 동시에 진정한 **자연**에 도달하는 길도 뜻하였습니다. [따라서] 예술은 학문[과학]의 지위로까지 높여지지 않으면 안 되었는데, 이것은 동시에 무엇보다도, 예술가가 사회적으로나 그의 인생의 의미로나 독토르(Doktor)[11]의 지위로 높여져야 한다는 것을 뜻하였습니다. 이것은 명예심입니다. 예를 들면 레오나르도의 스케치북도 이러한 명예심에 기초하고 있습니다. 그러면 오늘날은 어떻습니까? '자연에 도달하는 길로서의 학문' — 이것은 [오늘날의] 젊은이들에게는 불경스러운 말처럼 들릴 것입니다. 아니 반대로, 오늘날의 젊은이

---

10 레오나르도 다 빈치(Leonardo(Lionardo) da Vinci, 1452~1519) : 이탈리아의 화가, 조각가이자 건축가.

11 독토르는 본래 선생(Lehrer)을 뜻한다. 여기서도 이런 의미로 사용되고 있으며, 일정한 학위를 가리키지는 않는다.

들은 자신의 본성 그리고 이와 함께 자연 일반으로 되돌아가기 위해서는 학문의 주지주의로부터 빠져나올 것을 요구하고 있습니다. 또 〔진정한〕 예술에 도달하는 길로서의 학문은 어떻습니까? 이에 대해서는 비판할 필요도 없습니다 — 그러나 정밀 자연과학이 발생한 시대에는 과학에게서 더욱 많은 것을 기대하였습니다. 여러분들이 스밤메르담[12]의 주장, 즉 "나는 여기서 한 마리의 이를 해부하여 여러분들에게 신의 섭리를 증명하겠습니다"라는 말을 기억하신다면, 프로테스탄티즘과 퓨리터니즘으로부터 (간접적으로) 영향을 받은 과학연구가 당시에 무엇을 그 자신의 과제로 삼았는지를 여러분들은 알 것입니다. 그것은 신(神)으로의 길이었습니다. 당시에는 철학자들과 그들의 개념 및 연역을 통해서는 그 길을 더 이상 찾지 못했습니다. 그 당시의 모든 경건파 신학, 특히 슈페너[13]는 신은 중세가 그를 찾으려고 했던 길로는 찾을 수 없다는 것을 알고 있었습니다. 신은 숨겨져 있고, 그의 길은 우리의 길이 아니며, 그의 사

---

12 얀 스밤메르담(Jan Swammerdam, 1637~1680) : 네덜란드의 자연과학자로서 미생물의 형태 연구와 곤충의 해부학적 연구에 업적을 남겼다.
13 필립 야콥 슈페너(Philip Jacob Spener, 1635~1705) : 독일의 프로테스탄트 신학자. 경건주의의 아버지라고 불린다.

상은 우리의 사상이 아니라고 생각하였습니다. 그러나 신이 하는 일을 물리적으로 포착할 수 있는 정밀자연과학에서는 세계에 대한 신의 의도에 대해서 단서를 잡기를 바랐습니다. 그러면 오늘날은 어떻습니까? 특히 자연과학 쪽에 있는 몇몇 잘난 척하는 사람들을 제외하면, 누가 오늘날에 아직도 천문학이나 생리학, 물리학, 화학 등의 지식이 세계의 **의미**에 대해서 뭔가를 실로 조금이라도 가르쳐줄 수 있다고 믿고 있겠습니까? 설령 의미가 있다 하더라도, 그러한 '의미'에 대해서 어떤 방법으로 그 단서를 잡을 수 있겠습니까? 오히려, 그 자연과학들은 세계의 '의미'와 같은 어떤 것이 있다는 믿음을 근본적으로 없애버리기에 적합합니다! 그러면 결국 '신으로의' 길로서의 학문은 어떻게 되는 것입니까? 그것은 특히 신과는 인연이 먼 힘입니까? 학문이 신과는 인연이 멀다는 것에 대해서 — 이것을 고백하든 안 하든 간에 — 마음 깊은 곳에서 의심하는 사람은 오늘날 아무도 없을 것입니다. 학문의 합리주의와 주지주의에서 벗어나는 것이 신적인 것에 몰입하는 삶의 근본적인 전제조건입니다 : 이러한 것 또는 의미상 이와 비슷한 것이 종교적인 분위기를 갖고 있거나 종교적인 체험을 추구하는 우리의 젊은 이들에게서 항상 들을 수 있는 기본적인 슬로건 중의 하나입니다. 그리고 그들은 종교적인 체험뿐만 아니라, 아니 오히려 체험 일반을 추구합니다. 다만 의아스러운 것은 현재 잡아 나아가고 있는 길입니다. 즉 주지주의가 지금까지 미처 건드리지 못한 유일한 것이었던 바로 저 비합리적인 것의 영역이 이제는 의식으로까지 끌어올려서 자세하게 관찰되고 있다는 것입니다. 비합리적인 것의 현대적인 주지주의적 낭만주의(die moderne intellektualistische Romantik des Irrationalen)가 실제로 도달하는 곳은 바로 그러한 것입니다. 주지주의로부터 자신을 해방시키는 이러한 길은 그 길을 걷는 사람들이 자신들의 목표로 생각한 것과는 정반대의 것을 가져다 줍니다. 마지막으로, 사람들이 순진하게도 낙천적으로 학문을, 다시 말해서 학문에 기초를 둔 생활지배의 기술을 **행복**으로의 길로 찬미한 것에 대해서는 '행복을 찾아낸 저 최저인(最低人)[14]들'에 대한 니체의 통렬한 비판에 따라서 완전히 무시해도 괜찮다고 나는 생각합니다. 강단이나 편집실에 있는 몇몇 잘난 척하는 사람들을 제외하면, 누가 그것을 믿겠습니까?

---

14 니체의 《짜라투스트라는 이렇게 말했다(Also sprach Zarathustra)》 제1부 제5절에 나오는 구절. 최저인(der letzte Mensch)이란 초인(Übermensch)과 대립되는 개념으로, 허무에 불과한 문화의 조화로운 발전을 이상으로 삼고 거기에서 행복을 꿈꾸는 무자각적인 인간을 가리킨다.

앞으로 되돌아갑시다. '진정한 존재로의 길', '진정한 예술로의 길', '진정한 자연으로의 길', '진정한 신으로의 길', '진정한 행복으로의 길' 등 이전의 그 모든 환상이 무너져버린 이상, 〔앞에서 말한〕그 내적인 전제하에서는 직업으로서의 학문의 의미는 무엇입니까? 톨스토이는 다음과 같은 말로 가장 간단한 대답을 하였습니다 : "학문은 의미가 없다. 왜냐하면 그것은 우리에게 있어서 유일하게 중요한 문제인 다음과 같은 질문, 즉 '우리는 무엇을 해야 하는가?', '우리는 어떻게 살아야 하는가'에 대해 어떤 대답도 주지 못하기 때문이다." 학문이 대답을 주지 못한다는 사실에는 전적으로 이론(異論)의 여지가 없습니다. 문제는 다만 학문이 어떤 의미에서 대답을 주지 '못하는가', 또 대답을 주지 못한다면 학문은 문제를 올바르게 제기하는 사람에게도 어쨌든 쓸모가 없는 것인가라는 것입니다. 오늘날에는 빈번히 '전제 없는' 학문에 대해 말하는 경향이 있습니다. 그런 학문이 존재합니까? 이것은 그것〔전제 없는 학문〕이 무엇을 뜻하느냐에 달려 있습니다. 모든 학문연구에는 세계 속에서 우리가 방향을 잡는 데 그 일반적인 기초가 되는 논리 및 방법의 규칙들의 타당성이 항상 전제되어 있습니다. 그런데 이러한 전제들은 적어도 우리의 특수한 문제에 비추어볼 때 가장 적게 문제가 되고 있습니다. 그리고 또한 학문연구에서 나오는 결과는 '알 가치가 있다(wissenswert)'는 의미에서 중요하다는 것이 전제되어 있습니다. 우리의 모든 문제는 분명히 여기에 붙어 있습니다. 왜냐하면 이 전제 자체도 역시 학문의 수단으로는 증명될 수 없기 때문입니다. 이 전제는 사람들이 삶에 대한 자신들의 궁극적인 입장에 따라서 거부하든가 아니면 받아들이든가 해야 하는 그것〔전제〕의 궁극적인 의미와 관련해서만 **해석**될 수 있을 뿐입니다.

더욱이 학문연구가 이러한 그 전제들과 맺는 관계의 성질은 그 학문의 구조에 따라서 매우 다릅니다. 가령 물리학, 화학, 천문학과 같은 자연과학은 우주에서 일어나는 일에 대한―그 과학의 능력이 미칠 수 있는 한에서 구성할 수 있는―궁극적인 법칙들이 알려질 가치가 있다는 것을 자명한 것으로 전제하고 있습니다. 그러한 지식으로 기술적인 성과를 달성할 수 있기 때문만이 아니라, 그러한 지식의 획득이 '천직'이라고 한다면 '그 지식 자체를 위해서'도 그렇습니다. 〔그러나〕 이러한 전제마저도 결코 증명할 수 없습니다. 그리고 그런 학문들이 기술(記述)하는 이 세계가 존재할 가치가 있는 것인지, 그 세계가 '의미'를 갖고 있는 것인지, 그 세계에서 사는 것이 의미가 있는 것인지는 더더욱 증명할 수 없습니다. 학문은 그런 것들에 대해서는 묻지 않습니다. 현대의학과 같은 과학적으로 매우 발달한 실용적인 기술을 생각해봅시다. 의학연구의 일반적인 '전제'는 상투적으로 표현한다면, 생명 자체를 보존하고 고통 자체를 가능한 한 경감시키는 것이 의학의 의무라는 것입니다. 그런데 바로 이것이 문제입니다. 환자가 죽기를 간청한다 하더라도, 그리고 그의 생명이 자신들한테는 가치가 없고 또한 그가 고통에서 벗어나기를 빌며 아울러 가치 없는 생명을 보존하는 데 드는 비용을 감당할 수 없기 때문에 ─ 이것은 아마도 가엾은 미치광이의 경우일 것입니다만 ─ 그의 친척들이 그의 죽음을 명백하게든 아니든 바라며 또 바랄 수밖에 없다 하더라도, 의사는 자신의 모든 수단을 다해서 그 위독한 환자를 살려냅니다. 의학의 전제와 형법전(刑法典)은 의미가 그의 노력을 그만두는 것을 막기 때문입니다. 인생이 살 가치가 있는지 또 어느 때 그러한지라는 것에 대해서는 의학은 묻지 않습니다. 모든 자연과학은 우리가 생활을 **기술적으로**(technisch) 지배하고자 **한다면**, 우리가 무엇을 해야 하는가라는 물음에 대해서는 우리에게 대답을 줍니다. 그러나 우리가 생활을 기술적으로 지배해야 하는지 또 지배하고 싶어 하는지 그리고 그것이 결국은 참으로 의미가 있는지라는 물음에 대해서는 자연과학은 해결하지 않은 채 완전히 그대로 놔두거나 아니면 그 자신의 목적으로 전제합니다. 또 예술학과 같은 학과를 생각해봅시다. 미학에서는 예술품이 존재한다는 사실이 주어져 있습니다. 미학은 이러한 사정이 어떤 조건하에서 존재하는지를 해명하려고 합니다. 그러나 그것은 예술 영역이 악마의 영광의 왕국,[15] 현세의 왕국, 따라서 그 가장 깊은 내부에서는 신에게 적대적(敵對的)이며 또 그 근본적으로 귀족주의적인 정신에서는 반(反)형제애적인 것이 아닌가라는 질문은 제기하지 않습니다. 요컨대 미학은 예술품이 존재**해야** 하느냐고는 묻지 않습니다. 또 법학을 일부는 이론(異論)의 여지가 없게끔 논리적으로 주어졌으며 또 일부는 관습적으로 주어진 규준에 얽매여 있는 법률적 사고의 규칙에 따라서 무엇이 타당한지를 확정합니다. 따라서 그것은 일정한 법규와 그것에 대한 일정한 해석방법이 **어느 때** 구속력이 있는 것으로 인정해야 하는지를 확정합니다. 법이 존재해야 하는지, 바로 그 규칙을 정해야 하는지에 대해서는 법학은 대답하지 않습니다. 법학은 다만 사람들이 성과를 원할 때, 이러이러한 법규가 우리의 법체계의 규범에 따라서 그 성과를 달성하기에 적합한 수단이라는 것을 지시할 수 있을

---

15 악마의 영광의 왕국이라는 것은 이른바 '악마파'의 입장에서 본 예술세계이다. 귀족주의적 정신 및 반(反)인간애적 태도가 이 파의 특징이다.

뿐입니다. 또 역사문화과학들(die historischen Kulturwissen schaften)을 생각해봅시다. 이것들은 정치, 예술, 문학 및 사회의 문화현상들을 그 발생조건에서 이해하는 것을 가르칩니다. 그러나 그것들은 그 문화현상들이 존재할 **가치**가 있었는지 또 있는지라는 물음에 대해서 스스로는 대답하지 못합니다. 또한 그 문화현상들을 알기 위해 노력할 가치가 있는지라는 물음에 대해서도 대답하지 못합니다. 그 역사문화과학들은 이러한 절차를 통해서 '문화인들(Kulturmenschen)'의 공동체에 관여하는 데 관심이 있다는 것을 전제하고 있습니다. 그러나 그것들은 이것이 실제의 사정이라는 것을 어느 누구에게도 '과학적으로' 증명할 수 없습니다. 그리고 역사문화과학들이 이러한 사정을 전제하고 있다고 해서, 그것이 그러한 사정이 자명함을 증명하는 것은 전혀 아닙니다. 실로, 결코 그렇지 않습니다.

마지막으로 나에게 가장 가까이 있는 학과들, 즉 사회학, 역사학, 경제학, 정치학과 또 그 학과들[의 지식]을 해석하는 것을 임무로 삼고 있는 그 갖가지 종류의 문화철학을 생각해봅시다. 정치는 강의실에서 말할 만한 것이 못 된다고 사람들은 말하는데, 나도 이에 동의합니다. 정치는 학생들로서는 강의실에서 말할 만한 것이 못 됩니다. 예를 들면 베를린에 있는 나의 이전의 동료인 디트리히 셰퍼(Dietrich Schäfer) 교수의 강의실에서 평화주의 학생들이 교단을 둘러싸고서, 반(反)평화주의 학생들이 푀르스터(Foerster) 교수 — 나는 그와는 많은 점에서 될 수 있는 대로 멀리 떨어져 있다고 생각합니다만 — 에게 했다고 하는 방식으로 소동을 일으켰다면, 나는 그것을 똑같이 유감스럽게 생각할 것입니다. 그러나 정치는 물론 교사로서도 강의실에서 말할 만한 것이 못 됩니다. 그가 정치를 학문적으로 다룰 때에는 특히 그렇습니다. 그때에는 그 어느 때보다도 그렇습니다. 왜냐하면 실천적인 정치적 입장을 취하는 것과 정치구조 및 정당입장을 학문적으로 분석하는 것은 별개의 일이기 때문입니다. 국민집회에서 민주주의에 대해 말할 때, 사람들은 자신의 개인적인 입장을 숨기지 않습니다. 바로 이것, 즉 분명하게 알아볼 수 있도록 편을 드는 것은 그때에는 저주받은 의무이며 책임입니다. 그러한 경우에 사용되는 말들은 학문적인 분석의 수단이 아니라, 다른 사람들의 입장을 자기 쪽으로 끌어들이기 위한 정치적인 수단입니다. 그것들은 명상적인 사고의 토지를 부드럽게 하기 위한 쟁기의 날이 아니라, 적(敵)을 공격하기 위한 칼, 즉 투쟁수단입니다. 이에 반해서 강의 때나 강의실에서 말을 그런 식으로 사용한다면, 그것은 옳지 못한 짓일 것입니다. 가령 '민주주의'에 대해 말할 때에는 먼저 그 여러 형태들을 제시한 다음, 그것들이 기능하는 방식에 따라

분석하고, 또 그 각각의 형태가 생활에 어떤 결과를 미치는지를 확정해야 합니다. 그리고 나서는 그것들을 정치질서의 그 밖의 비(非)민주적인 형태들과 비교해서, 청중이 **자신의** 궁극적인 이상(理想)에서 민주주의에 대해 입장을 취할 수 있는 점을 발견할 수 있을 정도가 될 때까지 그 분석을 시도해야 합니다.. 그러나 진정한 교사라면, 교단에서 자기 아래에 있는 청중에게 그 어떠한 입장도 노고적으로든 암시적으로든 간에 ─ 왜냐하면 '사실로 하여금 말하게 한다(die Tatsachen sprechen läßt)'는 것이 당연히 가장 공정치 못한 방법이기 때문입니다 ─ 강요하는 것을 매우 조심할 것입니다.

그러면 우리는 왜 실로 그렇게 해서는 안 되는 것일까요? 미리 말해두지만, 매우 존경할 만한 나의 많은 동료교수들은 이러한 자제(自制)를 행하는 것이 일반적으로 불가능하며, 또 설사 가능하다 하더라도, 그것[그 어떤 입장을 강요하는 것]을 피하는 것이 일시적인 생각일 것이라는 견해를 갖고 있습니다. 그런데 대학교수로서의 그의 의무가 무엇인지는 어느 누구에게도 과학적으로 미리 증명해 보일 수 없습니다. 그에게서는 단지 지적인 공정성(die intellektuelle Rechtschaffenheit)만을 요구할 수 있는데, 이것은 한편에서는 사실확인, 수학적 및 논리적인 사정의 확정, 또는 문화재(文化財)의 내적인 구조의 확인과 또

50

다른 한편에서는 문화 및 그 각각의 내용의 **가치**에 대한 물음과 문화공동체 및 정치단체 안에서는 어떻게 **행동**해야 하는가라는 물음에 대해 대답하는 것, 이 양자가 전혀 **이질적인** (heterogene) 문제라는 사실을 인식하는 것을 뜻합니다. 그가 왜 강의실에서는 그 둘〔문화 및 그 각각의 내용의 가치에 대한 물음과 문화공동체 및 정치단체 안에서는 어떻게 행동해야 하는가 라는 물음〕을 다루어서는 안 되는가라고 묻는다면, 예언자와 선동가는 강의실의 강단에는 어울리지 않기 때문이라고 대답할 수 있습니다. 예언자와 선동가에게는 '길거리로 나가서 공개적으로 말하라'고 말해지고 있습니다. 이것은 비판이 가능한 곳에서 말하라는 것입니다. 수강자들을 마주보고 앉아 있는 강의실에서는 그 수강자들은 침묵하고 있어야 하며 교수는 말해야 합니다. 그런데 학생들이 앞으로의 진로를 위해서 교수의 강의에 출석하지 않으면 안 된다는 것과 그곳에는 그에게 비판적으로 맞설 사람이 아무도 없다는 것, 바로 이러한 사정을 이용해서 자신의 지식과 학문상의 경험으로 청중들에게 이익이 되도록 하지 않고─이것이 그의 의무입니다만─그들에게 자신의 개인적인 정치관을 주입하려고 한다면, 나는 이를 무책임한 짓이라고 생각합니다. 각각의 개인이 자신의 주관적인 호의(好意)의 배제에 단지 불충분하게만 성공한다는 것은 확실히 있을 수 있는 일입니다. 그럴 경우, 그는 그 자신의 양심의 심판으로부터 가장 날카로운 비판을 받을 것입니다. 그리고 그것으로는 아무것도 증명하지 못합니다. 왜냐하면 그 밖의 순수하게 사실적인 오류도 있을 수 있기 때문입니다. 그리고 이 오류도 역시 진리탐구의 의무를 거스르기 때문에 아무것도 증명하지 못합니다. 나는 특히 학문 자체를 위해서도 그러한 것을 거부합니다. 나는 우리 역사학자들의 저작들에서, 학자가 자신의 가치판단을 갖고 들어올 때마다 사실에 대한 완전한 이해가 **중지된다**(aufhört)는 것을 증명할 용의가 있습니다. 그렇지만 그것은 오늘 저녁의 주제를 벗어나며 또 긴 분석이 필요할 것입니다.

나는 단지 다음과 같은 것만을 묻겠습니다 : 한편으로는 독실한 가톨릭신자가, 또 다른 한편으로는 프리메이슨 비밀결사 단원이 교회형태 및 국가형태 또는 종교사에 대한 강의를 들을 경우, 어떻게 하면 그들이 그것들에 대해서 똑같은 **평가**에 이르게 될까요? 그것은 전적으로 불가능합니다. 그렇지만 대학교수는 자신의 지식과 방법이 그 둘 모두에게 유익하기를 바라야 하며, 또 그렇게 되기를 자신에게 요구해야 합니다. 그렇지만 독실한 가톨릭교도는 기독교발생에 관련된 사실들에 대해서도, 그 가톨릭교도의 교의상(敎義上)의 제(諸)전제에서 벗어나 있는 교수가 제시하는 견해는 결코 받아들이지 않을 것이라

52

고 여러분은 당연히 말할 것입니다. 물론 그렇습니다. 그러나 차이는 다음과 같은 것에 있습니다: 종교에 속박되는 것을 거부한다는 의미에서 '전제 없는' 학문은 실로 '기적'과 '계시'를 모릅니다. 기적과 계시를 인정한다면, 학문은 그 자신의 '전제'를 어기게 될 것입니다. 신자는 기적과 계시 모두를 알고 있습니다. 그러므로 그 '전제 없는' 학문은 그에게서, 경험적인 설명이 원시적인 요인으로는 배제하는 저 초자연적인 요소들을 개입시키지 않고서 사건을 설명해야 **한다면**, 그 사건은 학문이 시도하는 대로 설명되어야 한다는 것을 인정하는 것 그 이하를―그러나 또한 **그 이상도**― 요구하지 않습니다. 그리고 신자는 자신의 신앙을 배반하지 않고서도, 그것을 할 수 있습니다.

그런데 학문의 성과는 사실 자체는 아무래도 상관없고 실천적인 입장만이 중요한 사람에게는 결코 아무런 의미가 없는 것일까요? 아마 그렇지는 않을 것입니다. 우선 한 가지를 지적할 수 있습니다. 그 누구가 유능한 교수라면, 그의 첫 번째 임무는 학생들에게 **불쾌한**(unbequeme) 사실들―즉 그의 당파적인 견해에 비추어볼 때, 불쾌한 그런 사실들을 나는 말합니다―을 인정하는 법을 가르치는 일입니다. 모든 당파적인 견해에는―예를 들면 나의 견해도 포함해서―매우 불쾌한 그런 사실들이 있습니다. 만약 대학교수가 그의 수강자들에게 그것에 익숙해지도록 권한다면, 그는 단순한 지적인 업적 그 이상을 행하는 것이라고 나는 생각합니다. 매우 당연하고 자명한 일치고는 어쩌면 너무 숭고한 표현이라는 생각이 들지 모르지만, 나는 조금도 서슴지 않고 그것을 '도덕적인 업적'이라고 표현하고 싶습니다.

지금까지는 개인적인 입장의 강요를 피해야 할 **실제적인** 이유에 대해서만 말했습니다. 그러나 그것으로 끝난 것은 아닙니다. 실천적인 입장을 '학문〔과학〕적으로' 옹호한다는 것이 불가능하다는 사정은 — 확고하게 **주어진** 것으로 전제된 목적에 대한 수단을 논의하는 경우는 제외하고 — 훨씬 더 깊은 곳에 있는 이유에서 나옵니다. 세계의 다양한 가치질서들이 서로 풀기 어려운 투쟁 속에 있기 때문에, 그러한 옹호는 원칙적으로 의미가 없습니다. 〔존 스튜어트〕 밀의 아버지〔제임스 밀〕[16]가 언젠가 "만일 순수한 경험에서 출발한다면, 사람들은 다신론(多神論)에 도달할 것이다"라고 말하였는데, 나는 그의 철학을 다른 점

---

16 존 스튜어트 밀(John Stuart Mill, 1806~1873) : 영국의 철학자이자 경제학자. 제임스 밀(James Mill, 1773~1836)은 존 스튜어트 밀의 아버지로서 역사가 겸 철학자이자 경제학자.

에서는 칭찬하고 싶지 않습니다만 이 점에서는 그가 옳습니다. 그의 말이 피상적으로 표현되어 있어 역설적으로 들리겠지만, 그 속에는 진리가 숨어 있습니다. 어쨌든 우리는 또한 오늘날 에는 어떤 것은 그것이 아름답지 않음에도 불구하고 또 그것이 아름답지 않기 **때문에**(weil) 그리고 그것이 아름답지 않은 **한에서**(insofern), 신성할 수 있다는 것을 알고 있습니다. 여러분은 이에 대한 증거를 〈이사야서(書)〉 제53장과 〈시편(詩篇)〉 제21 편에서 찾을 수 있습니다. 그리고 어떤 것은 그것이 선(善)이 아님에도 불구하고 또 그것이 선이 아니라는 점에서 아름다울 수 있다는 것을 우리는 니체 이래로 또다시 알고 있습니다. 여 러분들은 〔니체〕 이전에 보들레르[17]가 《악의 꽃(fleurs du mal)》이 라고 이름 붙인 그의 시집 속에 그러한 생각이 형상화되어 있 음을 알고 있을 것입니다. 또한 어떤 것은 그것이 아름답지도 않고 신성하지도 않으며 선하지도 않음에도 불구하고 또 그렇 기 때문에 참된 것일 수 있다는 것은 일상적인 지혜입니다. 그 러나 그것들은 각각의 질서 및 가치의 신(神)들 간의 이 투쟁 중에서도 가장 초보적인 경우에 불과합니다. 프랑스 문화의 **가**

17　샤를 보들레르(Charles Baudelaire, 1821~1867) : 프랑스의 시인.

치를 독일 문화와 비교해서 '학문〔과학〕적으로' 결정하려고 할 경우, 어떻게 할 수 있는지 나는 모릅니다. 여기에서도 역시 다른 신들이 서로 싸우고 있으며, 더욱이 그 신들은 영원히 싸울 것입니다. 단지 그 의미만이 다를 뿐이지, 사정은 그 신들과 데 몬들(Dämonen)〔수호령 또는 악령〕의 주술(呪術)로부터 깨어나지 못한 옛 세계와 같습니다. 고대 그리스 사람들이 처음에는 아 프로디테(Aphrodite)에게 다음에는 아폴론(Apollon)에게 그리고 특히 자신들의 도시의 모든 신에게 제물을 바친 것처럼, 오늘날에도―〔신들을 섬기는〕 그러한 태도가 주술에서 벗어났으며, 또 내적으로는 진정한 유연성을 지닌 신화에서도 탈피하긴 했 지만―사정은 똑같습니다. 그리고 이 신들과 그들의 투쟁을 지배하는 것은 운명이지, 결코 그 어떤 '학문'도 아닙니다. 한쪽의 질서〔옛 세계〕와 다른 쪽의 질서〔오늘날의 세계〕에서는 신적 (神的)이라는 것이 **무엇**을 뜻하는지, 아니면 그 각각의 질서에 서는 무엇을 신적인 것으로 여기는지를 이해할 수 있을 뿐입니 다. 이 속에 숨어 있는 중대한 **삶**의 문제 자체가 물론 그것으로 끝나는 것은 아니지만, 교수가 강의실에서 행하는 모든 논의에 서는 문제는 그것으로 다된 것입니다. 그러나 대학의 강단 이 외의 힘들은 그것에 대해서 하고 싶은 말을 합니다. 누가 감히 산상수훈의 윤리를, 가령 '악에 대항하지 말라'는 말이나 〔한쪽

56

뺨을 맞으면〕다른 쪽 뺨을 돌려 대라는 비유를 '학문적으로 반박' 하려고 하겠습니까? 그렇지만 분명한 것은 세속적인 관점에서 보면, 여기서 설교되고 있는 것이 품위 없음의 윤리(eine Ethik der Würdelosigkeit)라는 것입니다. 따라서 이 윤리가 제시하는 종교적인 위엄과 이와는 전혀 다른 것, 즉 '악에 대항하라— 그렇지 않으면 너도 그 악이 지배하는 것에 함께 책임이 있다' 는 것을 설교하는 남자의 체면 사이에서 〔어느 하나를〕 선택하지 않으면 안 됩니다. 각자에게 있어서는 실로 궁극적인 입장에 따라서 어떤 것은 악마가 되고 또 어떤 것은 신이 됩니다. 또 각자는 **자기에게 있어서는** 무엇이 신이고 무엇이 악마인지를 결정하지 않으면 안 됩니다. 그리고 이것은 생활의 모든 질서에 걸쳐서 그렇습니다. 모든 종교예언에서 솟아나오는 윤리적–체계적인 생활 영위의 위대한 합리주의가 '필요한 유일신' 을 위해서 이 다신교(多神教)를 퇴위(退位)시켰습니다만, 그후 그 합리주의는 외적 및 내적인 생활의 현실에 직면하면서 우리 모두가 기독교의 역사에서 알고 있는 저 타협과 상대화 〔비절대화〕가 부득이함을 알게 되었습니다. 그러나 오늘날은 종교상의 '평일(平日)' 입니다. 옛날의 많은 신들은 그 마력을 잃어버렸기 때문에 비(非)인격적인 힘의 형태로 그들의 무덤에서 나와서 우리 생활에 대한 지배를 추구하면 또다시 서로간의 영원한 투쟁을 시작하고 있습니다. 그러나 바로 현대인에게 매우 힘든 것은, 특히 젊은 세대에게 가장 힘든 것은 그러한 **평일**(Alltag)을 견디어내는 것입니다. '체험'에 대한 모든 추구는 이러한 허약함에서 나오는 것입니다. 왜냐하면 허약하다는 것은 시대의 운명을 정면으로 바라볼 수 없다는 것이기 때문입니다. 그러나 〔지금까지는〕 우리가 기독교윤리의 숭고한 열정에 표면상으로든 추정상으로든 간에 〔어쨌든〕 전적으로 지향함으로 말미암아 그것〔시대의 운명〕을 볼 수 있는 눈이 천년 동안이나 멀어 있었지만, 〔이제는〕 다시 그것〔시대의 운명〕을 더 분명하게 의식하게 되는 것이 우리 문화의 운명입니다.

그렇지만 우리를 매우 멀리까지 나가게 하는 이 문제에 대해서는 충분히 말했습니다. 결국 우리 젊은이들 중의 일부가 지금까지 말한 모든 것에 대해서 "예, 그렇습니다. 그러나 우리는 어쨌든 단지 분석과 사실확인만이 아닌 다른 어떤 것을 체험하기 위해서 강의에 들어가고 있습니다"라고 말한다면, 그들이 저지르는 잘못은 그들이 교수에게서 자신들과 그곳에서 마주 대하는 것과는 다른 것 ─ 즉 **교사**(Lehrer)가 아니라 **지도자**(Führer) ─ 을 구하고 있다는 것입니다. 그러나 우리는 단지 **교사**로서만 강단에 서는 것입니다. 그것〔교사와 지도자〕은 별개의 것입니다. 그리고 교사와 지도자가 별개라는 것은 쉽게 납득할 수 있습니다. 내가 여러분들을 다시 한번 미국으로 데리고 가는 것을 용서해주시기 바랍니다. 그곳에서는 그러한 일을 종종 가장 순수한 원초적인 형태로 볼 수 있기 때문입니다. 미국의 젊은이는 우리 나라의 젊은이보다 말할 수 없을 정도로 훨씬 더 적게 배웁니다. 그렇지만 믿을 수 없을 정도로 많은 시험을 치르고 있습니다. 그럼에도 불구하고 미국의 젊은이는 그의 학창생활의 **의미**에 따라서, 독일의 젊은이처럼 저 절대적인 시험인간(Examensmensch)은 아직은 되지 않았습니다. 왜냐하면 시험의 합격증서를 관직녹봉(官職祿俸)의 왕국에의 입장권으로 전제하는 관료제가 그곳에서는 이제 겨우 시작했기 때문입니다. 젊은 미국인은 그 당사자 자신의 개인적인 업적 이외에는 그 어떤 것에 대해서도, 그 누구에 대해서도, 그 어떤 전통에 대해서도 또 그 어떤 직책에 대해서도 존경하지 않습니다. 미국인은 **이것**을 '민주주의'라고 부르고 있습니다. 〔민주주의라는 말의〕 그 진정한 의미에 비해서 〔미국의〕 현실이 아무리 꼴불견인 상태에 있다 하더라도, 그가 그 현실에 부여하는 의미는 그러한 것인데, 여기서 문제되는 것은 바로 그것입니다. 미국인은 자기와 마주 보고 있는 교사에 대해서 다음과 같이 생각하고 있습니다. 즉 채소장수 아주머니가 우리 어머니에게 양배추를 팔 듯이, 교사는 그의 지식과 방법을 우리 아버지의 돈과 교환해서 나에게 판다고 생각하고 있습니다. 그것으로 끝입니다. 물론 그가 가령 축구교사일 경우에는, 그는 이 방면에서는 그의 지도자입니다. 그러나 그가 축구교사(또는 다른 스포츠 분야에서 그와 비슷한 존재)가 아니라면, 그는 단지 교사에 불과하며 그 이상의 존재가 아닙니다. 그러므로 그 교사가 자신의 생활영위를 위한 '세계관'이나 결정적인 규칙을 자기에게 팔 수 있다고는 그 어떤 미국 젊은이도 생각하지 않을 것입니다. 물론 〔그와 같은 생각을〕 이런 식으로 표현한다면, 우리는 그것을 거부할 것입니다. 그러나 내가 의도적으로 약간 극단적으로 표현한 이러한 사고방식에도 일말의 진리가 들어 있지는 않을까라고 생각해볼 수 있습니다.

남녀 학생 여러분! 여러분들은 이처럼 우리들에게 지도자 자질을 요구하면서 우리의 강의에 들어오고 있는데, 100명의 교수 중 99명은 인생의 축구교사가 아닐 뿐만 아니라 〔그들에게〕 생활영위의 문제에서 '지도자'가 되기를 요구해서도 결코 안 된다는 것을 여러분들은 〔강의에 들어오기 전에〕 미리 자신들에게 말하지 않고 있습니다. 생각해보십시오. 인간의 가치는 지도자자질을 갖고 있느냐에 달려 있지 않습니다. 그리고 어쨌든 어떤 사람을 뛰어난 학자와 대학교수로 만들어주는 자질은 실제적인 생활지향의 영역에서 또는 보다 더 특별하게 말하면 정치의 영역에서 그를 지도자로 만들어주는 자질이 아닙니다. 어떤 사람이 또한 이 자질[지도자로 만들어주는 자질]도 갖고 있다면, 그것은 순수한 우연입니다. 강단에 서는 사람이 지도자자질을 갖고 있기를 바라는 요구에 직면해 있다고 느낀다면, 그것은 매우 우려되는 일입니다. 더 우려할 만한 것은 강의실에서 지도자인 체하는 것이 각각의 대학교수에게 방임되어 있는 경우입니다. 왜냐하면 자신을 흔히 지도자로 생각하는 사람들일수록 그런 역할을 가장 적게 하는 경우가 종종 있기 때문입니다. 그리고 무엇보다도 강단에 선다고 하는 [그들의] 입장이 그들이 지도자인지 아닌지를 **증명**할 수 있는 기회를 전혀 주지 않습니다. 젊은이의 조언자(助言者)가 되는 것이 자신의 사명이라고 느끼며 또 그들의 신뢰를 받는 교수는 그들과의 솔직한 개인적인 교제에서 그들이 바라는 사람이 되어도 좋습니다. 그리고 그가 세계관 및 당파적인 견해들의 투쟁 속에 개입해야 한다는 사명감을 느낀다면, [강의실] 밖으로 나가 인생의 시장에서는—즉 신문지상에서, 집회에서, 단체에서 또 그가 원하는 곳이면 어디에서나—그렇게 해도 좋습니다. 그러나 참석자들이 또 어쩌면 다르게 생각할지도 모르는 사람들이 침묵하고 있을 수밖에 없는 곳에서 [교수가] 신념고백자로서의 용기를 보여주는 것과 아무래도 조금은 너무 편리한 짓입니다.

〔그러면〕 여러분은 마침내 다음과 같은 질문을 제기할 것입니다 : 사정이 그러하다면, 실로 학문은 실천적이며 인격적인 '삶'에 대하여 도대체 어떤 적극적인 기여를 하는가? 이러한 질문으로 우리는 다시 학문의 '사명'이라는 문제로 되돌아갑니다. 물론 첫번째로는 생활, 즉 외적인 사물뿐만 아니라 인간의 행동을 계산을 통해 지배할 수 있게 해주는 기술에 대한 지식이 있습니다. 그렇지만 여러분들은 그것은 미국 젊은이가 말하는 채소장수 아주머니의 경우에 불과한 것이라고 말할 것입니다. 나도 동의합니다. 두 번째로는 그 채소장수 아주머니가 결코 하지 못하는 것이 있는데, 그것은 사고의 방법, 도구 및 이를 위한 훈련입니다. 또 여러분은 아마도 다음과 같이 말할 것입니다. 즉 그야 그것은 채소는 아니지만, 그것도 역시 채소를 얻기 위한 수단에 불과하다고 말할 것입니다. 좋습니다. 오늘은 〔일단〕 그렇다고 합시다. 그러나 다행히도 학문이 하는 일이 그것으로 끝나는 것은 아직 아닙니다. 우리는 여러분들에게 세 번째 것, 즉 **명확함**(Klarheit)을 얻도록 도와줄 수 있는 위치에 있습니다. 물론 이 말은 우리 자신이 그것을 갖고 있다는 것을 전제하고 있습니다. 그러한 경우에 한에서는 우리는 여러분들에게 다음과 같은 것을 명백하게 해줄 수 있습니다. 즉 사람들은 때때로 문제되는 가치문제에 대해서 — 나는 단순하게 하

기 위해서, 사회현상을 예로 생각해볼 것을 여러분에게 부탁드립니다 — 실천적으로 이러저러한 입장을 취할 수 있습니다. **만일** 이러이러한 입장을 취한다면, 그 입장을 실제로 관철하기 위해서는 학문의 경험에 따라서 이러이러한 **수단**을 사용하지 않으면 안 됩니다. 그렇지만 그 수단 자체가 어쩌면 당신이 거부해야 한다고 생각하는 그런 것일 수도 있습니다. 그럴 경우에는 목적과 〔그 목적이 요구하는〕 불가피한 수단 사이에서 선택하지 않으면 안 됩니다. 목적이 그 수단을 '신성하게' 합니까? 아니면 하지 않습니까? 교사는 그 선택의 불가피성을 여러분에게 설명할 수 있습니다. 그러나 그가 선동가가 아니라 교사로 남고자 한다면 그 이상은 할 수 없습니다. 물론 그는 더 나아가서는, 여러분이 이러이러한 목적을 원한다면 그 경우에는 경험상 흔히 나타나는 이러이러한 부수적인 결과도 함께 감수하지 않으면 안 된다고 말할 수 있습니다. 〔이 경우에도〕 또다시 〔목적과 불가피한 수단 사이에서 선택해야 한다는〕 똑같은 사정이 일어나는 것입니다. 그렇지만 이 모든 것은 기술자에게서도 일어날 수 있는 문제입니다. 왜냐하면 그 역시도 많은 경우에는 보다 작은 폐해나 상대적으로 가장 좋은 것이라는 원칙에 따라서 결정하지 않으면 안 되기 때문입니다. 다만 그의 경우에는 중요한 것인 하나가 흔히 주어져 있습니다. 그것은 **목적**(Zweck)

입니다. 그러나 우리가 진실로 '궁극적인' 문제를 다루게 되면, 사정은 그렇지 **않습니다**[목적이 우리에게 주어져 있지는 않습니다]. 그리고 그것으로써 우리는 마침내 학문 자체가 명확함을 위해서 행할 수 있는 마지막 기여에 도달하는 동시에 그 한계에도 도달합니다. 또한 이러이러한 실천적인 입장은 그 **의미상** 이러이러한 궁극적인 세계관에 따른 근본태도에서 ─ 이 근본태도가 단 하나의 세계관에서만 나올지 아니면 여러 세계관에서도 나올지 모릅니다만 ─ 내적인 일관성과 아울러 정직성을 갖고서 나올 수 있는 것이며, 그 밖의 다른 이러이러한 근본태도에서 나올 수 없다는 것도 우리는 여러분에게 말할 수 있으며 또 말하지 않으면 안 됩니다. 비유적으로 말하면, 당신이 그 어떤 입장을 찬성한다는 것은 당신이 그 신(神)만을 섬기고 **그 밖의 다른 모든 신에게는 모욕을 주는 것입니다.** 왜냐하면 당신들이 자기 자신에게 충실하다면, 당신들은 궁극적이며 내적으로 의미 있는 이러이러한 **귀결**(Konsequenzen)에 반드시 도달하기 때문입니다. 적어도 원칙적으로는 그것이 이루어질 수 있습니다. 철학이라는 전문학과와 [그 밖의] 개별학과에서의 본질적으로 철학적인 원칙논의는 이것을 성취하려고 노력하고 있습니다. 우리가 우리의 임무를 깨닫고 있다면(여기서는 이것이 일단 전제되어 있지 않으면 안 됩니다), 우리는 개개인에게 **그 자**

신의 행위의 궁극적인 의미에 대해 해명하도록 강요할 수 있으며 아니면 적어도 개개인이 그것을 할 수 있도록 도와줄 수 있습니다. 나로서는 순수하게 인격적인 생활과 관련해서도 그것이 그다지 사소한 일은 아니라고 생각합니다. 만일 교사가 그렇게 하는 데 성공한다면, 나는 여기에서도 다음과 같이 말하고 싶습니다. 즉 그는 '도덕적인' 힘에 헌신하고 있다고, 다시 말해서 [다른 사람들의 정신 속에] 명확함과 책임감을 만들어내는 의무에 헌신하고 있다고 말하고 싶습니다. 그리고 교사 측에서 수강자에게 입장을 강요하거나 암시하고자 하는 것을 양심적으로 피하면 피할수록, 그는 그 일을 더 쉽게 할 수 있을 것이라고 나는 생각합니다.

물론 내가 여기서 여러분에게 말하는 이러한 전제는 일반적으로 다음과 같은 하나의 근본적인 사정에서 나옵니다. 즉 그 근본적인 사정이란 인생이 그 자체로서 의미를 갖고 있고 또 그 자체로써 이해되는 한, 인생은 저 신(神)들 상호간의 영원한 투쟁만을 알고 있다는 것입니다. 문자 그대로 말한다면, 인생은 삶에 대해 일반적으로 **있을 수 있는** 궁극적인 입장들의 불일치성(不一致性) 및 그 입장들 간의 투쟁의 중재불가능성(仲裁不可能性), 따라서 그 입장들 사이에서 **결단**해야 할 필요성만을 알고 있다는 것입니다. 이러한 사정하에서 학문이 어떤 사람의 '천직'이 될 가치가 있으냐 또 학문 자체가 객관적으로 가치 있는 '사명'을 갖고 있느냐 하는 것은 또다시 하나의 가치판단입니다. 따라서 강의실에서는 이에 대해 아무것도 말할 수 없습니다. 사실은 〔그러한 질문에 대한〕 궁극적인 대답이 강의실에서 가르칠 수 있는 **전제조건**입니다. 나 개인적으로는 나 자신의 일을 통해서 그 질문에 대해서는 긍정적으로 대답합니다. 더욱이 오늘날의 젊은이들이 하는 바와 같이, 아니면 — 대부분의 경우 — 하고 있다고 상상하는 바와 같이, 주지주의를 가장 나쁜 악마로서 싫어하는 입장에서도 그러하며 또 그러한 입장에서 특히 그러합니다. 그러므로 그 경우 젊은이들에게 적합한 말은 다음과 같은 것입니다 : "악마, 그는 늙었다. 그러므로 그를 이해하려면 너도 늙어야 한다는 것을 염두에 두어라."[18] 이 말은 출생증명서라는 의미에서 나이를 뜻하는 것이 아닙니다. 그 말은 악마를 눌러 이기고자 한다면 — 오늘날 매우 흔히 일어나는 바와 같이 — 그 앞에서 달아나지 말고 오히려 그의 길을 일단 먼저 끝까지 내려다보아 그의 힘과 한계를 알지 않으면 안 된다는 것을 뜻합니다.

---

18 괴테의《파우스트(Faust)》제2부 제2막에 나오는 메피스토펠레스의 대사.

학문은 오늘날에는 〔우리 자신에 대한〕 자각과 사실관계의 인식에 이바지하기 위해 **전문적으로** 행해지는 '직업'이지, 구원재(救援財)와 계시를 주는 예견자나 예언자로부터 받는 은총의 선물이 아니며 또한 세계의 **의미**에 대한 현인(賢人)과 철학자의 성찰의 일부분도 아닙니다. 물론 이것은 우리의 역사적 상황의 불가피한 소여(所與)인데, 우리가 우리 자신에게 충실한 한에서는 우리는 그것으로부터 벗어날 수 없습니다. 그런데 지금 다시 톨스토이가 여러분에게 나타나서 "우리는 실로 무엇을 해야 하는가, 또 우리는 어떻게 생활해야 하는가 — 또는 오늘 저녁 여기서 사용한 말로 표현한다면 — 우리는 서로 싸우는 신들 중 어떤 신을 섬겨야 하는가 아니면 그와는 전혀 다른 신을 섬겨야 하는가, 그렇다면 그것은 무엇인가라는 질문에 대해서 학문이 대답하지 못하는 이상, 누가 대답하는가?"라고 묻는다면, 예언자나 구세주가 할 것이라고 말할 수밖에 없습니다. 〔그러나〕 예언자가 없거나 그의 예고가 더 이상 믿어지지 않을 때에도 여러분들은 결코 그를 지상에 내려오도록 강요하지 않을 것입니다. 왜냐하면 수천 명의 교수들이 국가로부터 봉급을 받거나 특권을 받는 소예언자(小豫言者)로서 강의실에서 예언자로부터 그의 역할을 인수하려고 하기 때문입니다. 〔그렇지만〕 그렇게 해서는 그 소예언자들은 다음과 같은 일 하나밖에는 하지 못할 것입니다. 즉 우리의 젊은 세대 중 매우 많은 사람들이 갈망하는 예언자는 **없다**는 결정적인 사정의 전체적인 의의를 그 젊은 사람들에게 결코 생생하게 인식시키지 않는 일밖에는 하지 못할 것입니다. 신과 무관하며 예언자가 없는 시대에 사는 것이 자신의 운명이라는 이 근본적인 사실이 그 모든 강단예언(Kathederprophetien)과 같은 대용물(代用物)에 의해서 자신과 그 밖의 사람들에게 은폐된다 하더라도, 그러한 은폐가 특히 진실로 종교적으로 '음감(音感)능력이 있는(musikalischen)' 사람의 내적인 관심에는 이제는 결코 도움이 될 수 없다고 나는 믿고 있습니다. 그의 종교적인 목소리의 정직성은 그것〔그러한 대용물에 의한 은폐〕에 대해서 틀림없이 반발할 것이라고 나는 생각합니다. 그러면 여러분들은 '신학'이 존재한다는 사실과 또 신학 자체가 '학문'이라고 하는 요구에 대해서는 실로 어떤 태도를 취해야 하는가라고 말하고 싶을 것입니다. 이에 대한 대답을 회피하지 않겠습니다. '신학'과 '교의(敎義)'는 보편적으로 존재하는 것이 아닙니다만, 그렇다고 해서 특히 기독교에만 있는 것도 아닙니다. 그것들은 또한 (시간을 거슬러 올라가면) 이슬람교에도, 마니교(摩尼敎)[19]에도, 그노시스교[20]에도, 오르페우스교[21]에도, 조로아스터교[22]에도, 불교에도, 힌두교의 여러 종파에도, 도교에도, 우파니샤드(Upanischad)[23]에도, 물론 유태교에도 상당히 발전된 형태로 있습니다. 물론 그것들이 체계적으로 발전된 정도는 서로 극히 다릅니다. 서양의 기독교가—예를 들면 유태교가 신학에서 갖고 있는 것과는 달리—신학을 더 체계적으로 만들어냈을 뿐만 아니라 또는 그렇게 하려고 노력했을 뿐만 아니라, 또한 여기에서 그 발전이 단연 가장 큰 역사적 의의를 지녀왔다는 것은 결코 우연이 아닙니다. 헬레니즘정신이 그것을 만들어냈는데, (분명히) 동양의 모든 신학이 인도의 사상으로 소급되는 바와 같이, 서양의 모든 신학은 헬레니즘 정신으로 소급됩니다. 신학이란 모두 종교적인 구제소

19　3세기 때에 페르시아인 마니가 배화교(拜火敎)를 바탕으로 해서 기독교와 불교의 요소를 가미하여 만든 종교.

20　고대 그리스 말기의 종교. 그노시스(Gnosis)란 그리스어로 지식(인식)이라는 뜻으로, 초감각적인 신과의 융합(融合)의 체험을 가능하게 하는 신비적 직관을 말한다. 후에 기독교와 결합하여 기독교 그노시스파가 되었다.

21　고대 그리스의 신비적인 종교로 신화 속의 시인 오르페우스(Orpheus)를 개조(開祖)로 삼는다. 영혼불멸을 믿으며 신비적인 의례를 행한다.

22　기원전 6세기경 조로아스터(Zoroaster)가 창시한 페르시아 고대 종교. 아베스타(Avesta)를 경전으로 하며 선악이원론(善惡二元論)을 가르친다. 불을 선신(善神)의 상징으로 숭배하기 때문에 배화교(拜火敎)라고도 불린다.

23　고대 인도에서 바라문계급을 중심으로 발달한 종교인 바라문교(婆羅門敎)의 철학사상을 나타내는 일군(一群)의 성전(聖典).

유(救濟所有, Heilsbesitz)의 주지주의적 **합리화**(Rationalisierung)입니다. 어떤 학문도 결코 전제가 없지 않습니다. 그리고 그 어떤 학문도 그 전제를 거부하는 사람에게는 그 자신의 가치를 입증할 수 없습니다. 그러나 모든 신학은 그 일과 그 자신의 존재의 정당화에 관해서 몇 가지 특수한 전제를 더 추가하고 있습니다. 물론 그 의미와 범위는 〔신학마다〕서로 다릅니다. **모든** 신학은, 예를 들면 힌두교의 신학도 세계는 **의미**를 갖고 있지 않으면 안 된다는 전제를 받아들이고 있습니다. 그런데 그 신학들의 문제는 그 의미에 대한 사유(思惟)가 가능하기 위해서는 그것을 어떻게 해석해야 하는가입니다. 이것은 칸트의 인식론이 "학문적인 진리는 존재하며, 그것은 **타당하다**"라는 전제에서 출발한 다음, 그것은 어떤 사유전제하에서 (의미 있게) 가능한가라고 물었던 것과 같습니다. 또는 현대의 미학자들이―예를 들면 루카치(G. v. Lukacs)[24]처럼 명백하게든 혹은 사실상으로든― "예술품은 **존재한다**"라는 전제에서 출발한 다음, 그것은 어떻게 해서 (의미 있게) 가능한가라고 묻는 것과 같습니다. 그러나 신학들은 일반적으로 그러한 (본질적으로 종교철학적

---

24 게오르크 폰 루카치(Georg von Lukacs, 1885~1971) : 헝가리의 마르크스주의 철학자.

인) 전제로는 만족하지 않습니다. 오히려 신학들은 보통 그 이상의 전제로부터, 즉 일정한 '계시'를 구제에 중요한 사실로서 — 요컨대 의미 있는 생활영위를 비로소 가능하게 해주는 그러한 사실로서 — 전적으로 믿어야 하며 또한 일정한 상태와 행위가 성스러움의 성질을 갖고 있다는 — 다시 말해서, 종교적으로 의미 있는 생활영위 내지 그러한 생활의 구성요소를 형성한다는 — 전제로부터 출발하고 있습니다. 그렇지만 그들의 그다음 질문은 또다시 다음과 같은 것입니다 : 전적으로 받아들여야 하는 이러한 전제들은 하나의 전체 세계상(世界象) 안에서 어떻게 의미 있게 해석될 수 있는가? 이 경우 그 전제들 자체가 신학에서는 '학문'이라는 것을 넘어 있습니다. 그 전제들은 보통 이해되는 의미에서의 '지식(Wissen)'이 아니라 '소유(Haben)'입니다. 그것들 — 신앙이라든가 그 밖의 성스러운 상태 — 을 '소유하지' 않은 사람에게는 그 어떤 신학도 그것들을 대신할 수 없습니다. 하물며, 다른 학문은 말할 필요도 없습니다. 이와는 반대로 모든 '기성(既成)' 신학에서는 신자(信者)가 "불합리한 것이 아니고 불합리하기 때문에 나는 믿는다(credo non quod, sed quia absurdum)"라는 아우구스티누스[25]의 명제가 적용되는 정도에까지 도달합니다. '지성의 희생(Opfer des Intellekts)'이라는 대가다운 일을 할 수 있는 능력은 적극적인 종교인(宗敎人)의 결정적인 특징입니다. 그리고 사정이 이러하다는 것은 (실로 그러한 사정을 털어놓는) 신학에도 불구하고 (오히려 신학 때문에) '학문'의 가치 영역과 종교적 구제의 가치 영역 간의 긴장이 극복될 수 없다는 것을 보여줍니다.

당연히 제자만이 예언자에게 '지성의 희생'을 바치며 또 신자가 교회에게 그렇게 합니다. 새로운 예언은 그러나 현대의 지식인들이 행하고 있는 다음과 같은 작태(많은 사람들에게 거부감을 주었던 이러한 광경을 나는 여기서 의도적으로 되풀이해서 보여주고 싶습니다)를 통해서는 아직도 결코 발생하지 않았습니다. 즉 현대의 많은 지식인들은 자신의 영혼을 소위 진짜임이 보증된 골동품들로 장식해서 채우고 싶은 욕구를 갖고 있으며, 그러한 장식품으로는 예전에 미처 가져보지 못했던 종교도 적합하다는 생각을 하고 있습니다. 이를 위해서는 모든 군주국가에서 온 성화(聖畵)들로 장난스럽게 꾸민 일종의 가정 예배소를 갖추거나 아니면 신비한 성스러움의 가치가 있다고

---

25 아우렐리우스 아우구스티누스(Aurelius Augustinus, 354~430) : 초기 기독교의 교부(敎父). 처음에는 마니교에 귀의했으나, 뒤에 가톨릭교회의 신자가 되었다. 그의 사상은 중세교회의 교리의 기초가 되었을 뿐만 아니라 근대 기독교사상에도 큰 영향을 미쳤다. 저서로는 《신국론(神國論, De Civitate Dei)》, 《참회록(Confessiones)》 등이 유명하다.

생각되는 갖가지 종류의 체험으로 그 대용물(代用物)을 만들어서 그것을 가지고 독서시장에 팔러 다니고 있습니다. 이것은 단순히 사기이거나 아니면 자기기만입니다. 이에 반해, 최근 몇 년 사이에 조용히 늘어난 저 청년단체들 중 적지 않은 단체들은 그들 자신의 인간적인 공동체관계에 종교적이거나 우주론적인 또는 신비한 관계로 해석하고 있는데, 그 의미에 대한 오해가 종종 있긴 하지만 그것은 결코 사기가 아니라 매우 진지하고 진실된 것입니다. 진정한 형제애에 입각한 모든 행위가 그러한 행위에 의해 초개인적인 세계에 불멸의 어떤 것이 덧붙여진다는 의식과 관련이 있을 수 있다는 것은 사실이지만, 순수하게 인간적인 공동체관계의 가치가 그러한 종교적 해석에 의해 증대되는지는 나로서는 의심스럽습니다. 그렇지만 이것은 여기서 다루기에는 적합하지 않습니다.

합리화와 주지주의화, 특히 세계의 탈주술화를 특징으로 하는 우리 시대의 운명은 바로 궁극적이며 가장 숭고한 가치들이 공공(公共)의 무대에서 물러나서 신비적인 생활의 초월적인 왕국 속으로 들어갔거나, 아니면 개인들 서로 간의 직접적인 관계의 형제애 속으로 들어갔다는 것입니다. 〔따라서〕 우리〔시대〕의 최고예술은 〔개인의〕 마음속에 있는 것이지 결코 기념비와 같은 것이 아니라는 점은 우연이 아닙니다. 또한 전에는 예언자의 성령으로서 격렬한 열정으로 커다란 공동체들을 휩쓸면서 그들을 결합시킨 것에 해당되는 것이 오늘날에는 다만 개인 간의 가장 작은 공동체 내부에서만 가장 약하게(im pianissimo) 고동치고 있다는 것도 우연이 아닙니다. 만일 기념비적인 예술성향을 억지로 '생각해내려고' 한다면, 지난 20년 동안의 많은 기념물에서처럼 매우 비참한 실패작들이 나올 것입니다. 진정한 예언 없이 새롭게 종교개혁을 제창하려고 한다면, 내적인 의미에서는 [앞의 결과와] 비슷한 어떤 것이 발생할 것인데, 그 영향은 틀림없이 더 나쁠 것입니다. 그리고 강단예언(講壇豫言)은 결국 광신적인 종파들만을 만들어낼 뿐 결코 진정한 공동체는 만들어내지 못할 것입니다. 시대의 이러한 운명을 용감하게 견디어낼 수 없는 사람에게는 다음과 같이 말하지 않으면 안 됩니다. 즉 그는 세간에서 행해지듯이 배교자(背教者)임을 공공연하게 선언하지 말고 조용히 그러나 솔직하고 지체 없이 낡은 교회의 넓고 자비로운 품 안으로 돌아가는 편이 더 좋을 것이라고 말하지 않으면 안 됩니다. 교회는 그를 괴롭게 하지 않을 것입니다. [그렇지만] 그는 이 경우 아무튼 어떤 방법으로든지 '지성의 희생'을 바치지 않으면 안 됩니다. 이것은 불가피합니다. 그가 실제로 그렇게 할 수 있다고 해도, 우리는 그를 나무라지 않을 것입니다. 왜냐하면 종교에의 무조건적인 헌신을 위한 그러한 지성의 희생은 솔직한 지적 공정성의무의 회피와는 도덕적으로는 어쨌든 다른 것이기 때문입니다. 그와 같은 회피는 자신의 궁극적인 입장에 대해 확신을 갖는 용기를 지니지 못하고, 허약한 상대화〔비절대화〕를 통해 그 의무의 짐을 가볍게 할 때 나타납니다. 그렇지만 나로서는 그 회피가 강의실이라는 장소 안에서는 어쨌든 솔직한 지적 공정성 이외에는 그 어떠한 덕(德)도 통용되지 않는다는 것을 분명하게 인식하지 못하는 저 강단예언보다는 낫다고 생각합니다. 그러나 이 지적공정성은 우리들로 하여금, 오늘날 새로운 예언자와 구세주를 고대하는 저 모든 많은 사람들에게 있어서는 사정이 〈이사야서〉에 들어 있는 포수(捕囚)시대의 저 아름다운 에돔의 '파수꾼의 노래'[26] 속의 사정과 똑같다는 것을 확인하도록 명

---

26 구약성서 〈이사야서〉 제21장 제11절~제12절에 있다. 그러나 성서에는 다음과 같이 되어 있다 : 에돔에 이런 선언이 내려졌다.
세일산에서 외치는 소리가 들려온다.
"파수꾼아, 얼마나 있으면 밤이 새겠느냐?
파수꾼아, 얼마나 있으면 밤이 새겠느냐?"
파수꾼이 대답한다.
"아침이 오면 무엇하랴! 밤이 또 오는데. 묻고 싶거든 얼마든지 다시 와서 물어 보아라."(《공동번역 성서》대한성서공회 발행, 1986)

령하고 있습니다 : "에돔에 있는 세일산에서 외치는 소리가 들려온다. 파수꾼아, 밤은 아직도 얼마나 남았느냐? 파수꾼이 말하기를, 아침은 오나 지금은 아직 밤이니라. 묻고 싶거든, 다른 때 다시 오너라." 이러한 말을 들은 민족은 2천 년 이상 동안이나 묻고 고대해왔는데, 우리는 이 민족의 비애(悲哀)를 자아내는 운명을 알고 있습니다. 우리는 여기서 갈망하고 고대하는 것만으로는 안 되며 달리 행동해야 한다는 것, 즉 우리의 일에 착수하여 '시대의 요구'를 — 인간적으로나 직업적으로나 — 따라야 한다는 교훈을 이끌어내야 합니다. 그러나 각자가 **자신의** 인생을 조종하는 데몬(Dämon)을 찾아서 그에게 복종한다면, 그것은 간단하고 단순한 일입니다.

국민국가와
경제정책

프라이부르크대학
교수 취임 강연

머리말

　내가 다음의 논의를 출판할 생각을 하게 된 것은 그 논의가 이것을 들은 많은 사람들에게서 동의를 얻었기 때문이 아니라 반대에 부딪혔기 때문이다. 그 논의는 세부사항에서만 전문가들에게나 그 밖의 사람들에게 실제로 새로운 것을 가져다 줄 것이다. 이 특별한 의미에서만 그 논의는 '학문적'이라는 평을 요구한다. 이러한 사실은 그 논의가 행해진 동기에서 보면 당연하다. 취임 강연은 경제현상을 **판단할** 때 취하는 개인적인 입장, 그런 한에서 '주관적인' 입장을 공개적으로 설명하고 변호할 수 있는 기회를 제공한다. 87쪽부터 114쪽까지의 논의는 시간과 청중 수준을 고려해서 강연 때에는 생략하였다. 그 외의 논의는 이야기할 때와는 다른 형태를 취했을지도 모르겠다. 강연 앞부분의 서술에 대해 말한다면, 여기에서는 당연히 현실에 비해 사정을 아주 단순화해서 서술한다는 것에 주의해야 한다. 1871년부터 1885년까지의 시기에 서프로이센의 개개의 군(郡)

과 시읍면에서의 인구 이동은 고른 모습을 나타내지 않고 매우 들쭉날쭉한 모습을 보여주고 있어, 이 인구 이동은 내가 든 예들과는 달리 대충 보아서는 결코 쉽게 알아차릴 수 없다. 이 예들에서 내가 구체적으로 설명하려고 하는 경향은 다른 경우에서는 다른 계기에 의해 방해받는다. 이 점에 대해서는 곧 다른 곳에서 좀 더 자세하게 논할 것이다. 이 수치들이 나타낼 수 있는 성과는 당연히 불확실하다. 노이만[1]의 몇몇 제자들의 칭찬할 만한 출판물들이 포젠(Posen)[2]과 서프로이센의 민족 사정에 대해 우리에게 제공해준 성과에 비하면 말이다. 그러나 정확한 자료가 없는 이 마당에 우리는 우선 그 수치로 만족하지 않으면 안 된다. 특히 그 수치가 구체적으로 보여주는 현상들의 특징은 작년에 행해진 농촌조사 덕에 우리들에게 이미 알려져 있다.

1895년 5월 프라이부르크

막스 베버

---

1 카를 노이만(Carl Neumann, 1860~1934) : 독일의 예술사학자.
2 폴란드 서부 비엘코플스키에 주(州)의 주도. 폴란드어로는 포즈난이라고 불린다.

강연 주제의 범위는 제가 오늘 할 수 있고 또 하고 싶은 것
보다 훨씬 더 넓습니다. 제가 말하고자 하는 것은 우선 다음과
같은 것입니다. 즉 민족들 간의 육체적 및 정신적 인종차이가
경제상의 생존투쟁에서 행하는 역할을 **하나의 예로** 구체적으
로 설명하는 것입니다. 이와 관련해서 저는 민족을 기반으로
하는 국가 — 우리 나라가 그렇습니다만 — 의 지위에 관한 약
간의 고찰을 경제정책을 고찰하는 범위 안에서 해보고 싶습니
다. 저는 우리가 있는 곳에서 멀리 떨어진 장소에서 일어나고
있지만, 10년 전부터 사람들의 관심을 여러 번 끌었던 일련의
현상을 그 예로 들겠습니다. 여러분께서는 아무쪼록 저를 따라
제국의 동쪽 변경지대인 프로이센의 서프로이센 주 평야로 오
십시오. 이곳은 국경이라는 특색과 경제적 및 사회적 생활조건
에서 아주 심한 차이도 아울러 갖고 있기 때문에, 우리 목적에
는 안성맞춤입니다. 죄송합니다만 우선 무미건조한 일련의 자
료를 제시하겠습니다. 그러니 여러분께서는 조금 참아주시기
를 바랍니다.

이 주에는 그 행정구역 안에 세 가지 대립이 있습니다.

첫째는 **경작지 질(質)**에서의 엄청난 차이입니다. 즉 바익셀 (Weichsel) 강[3] 평야의 사탕무 재배지로부터 카슈브인(kaschub)[4] 이 사는 모래투성이 언덕에 이르기까지 그 사이에는 과세 순수 익 평가액으로 따지면 10배 내지 20배의 차이가 있습니다. 군 마다의 평균치들조차 1헥타르당 4와 4분의 3마르크에서 33과 3분의 2마르크 사이를 왔다갔다 합니다.

그다음에는 이런 토지를 경작하는 주민의 **사회계층구성**에서 의 대립이 있습니다. 동부에는 일반적으로 있는 것입니다만, 여 기에도 관청의 토지지적서에는 '면'과 함께 — 남부에서는 모르 는 — 또 하나의 자치단체 단위 형식 즉 '영지구역(Gutsbezirk)'[5] 이라는 것이 등재되어 있습니다. 그리고 이에 상응해서 농민들 의 촌락 사이에는 기사영지들이 눈에 들어옵니다. 그런데 바로 이 기사영지들이 동부에 자신들의 사회적 특징을 주는 계급,

---

3 폴란드에서 가장 긴 강. 폴란드 남부에 위치한 베스키디 산맥에서 발원해 북
   쪽으로 흐르다가 발트 해로 유입한다. 폴란드어로는 비스와 강으로 불린다.
4 일찍부터 독일의 북부와 동부에 정착해 살고 있는 슬라브 인종의 후손. 이
   들은 오랜 게르만화 정책에도 불구하고 고유의 문화와 언어를 유지하였다.
5 행정단위로는 군보다 낮고 촌락이나 소도시와 같은 위치의 지방 하급 자치
   단체.

즉 융커(Junker)[6]의 거처입니다. 이 저택들은 단층의 작은 농가들로 둘러싸여 있습니다. 지주는 그해에 그곳에서 일할 의무가 있는 날품팔이꾼[7]들에게 이 작은 농가들을 작은 농지 및 목초지와 함께 지정해줍니다. 이 주(州)의 면적은 면과 영지 구역으로 거의 절반씩 나누어져 있습니다. 그러나 각각의 지역에서 영지구역의 몫은 군 면적의 2 내지 3퍼센트에서 전체의 3분의 2에 이르기까지 일정하지 않습니다.

끝으로 이처럼 이중적인 방식으로 사회계층이 형성된 이곳 주민 내부에는 제3의 대립, 즉 **민족** 간의 대립이 있습니다. 그리고 개개의 자치단체 단위에 사는 주민의 민족구성도 지역에 따라 다릅니다. 이 차이가 우리의 관심 대상입니다. 우선 폴란드인은—당연한 일입니다만—국경에 가까울수록 밀도가 높아집니다. 그러나 이뿐만이 아니라 모든 언어지도가 보여주는 바와 같이, 경작지의 질이 떨어질수록 폴란드인은 늘어나고 있습니다. 사람들은 우선 이것을 역사적으로 설명하려고 할 것입

---

6 근대 독일, 특히 동프로이센의 보수적인 지주, 귀족층을 일컫는 말이다.
7 계약은 1년 단위이며, 계약에 의해 정해진 노동에 대해서 날짜 계산의 임금을 받는다. 그리고 계약은 노동자 개인과 고용주 간의 계약이 아니라 노동자 가족과 고용주 간의 계약이어서, 노동자의 처와 자식도 일한다.

니다(그렇다고 해서 잘못된 것은 아닙니다). 독일인이 비옥한 바익셀 강 계곡에 먼저 몰려와 그것을 차지했다는 식으로 말입니다. 그러나 계속해서 이번에는 이 지방에서 어떤 **사회계층**이 독일인과 폴란드인을 대표하는가를 물으면, 지금까지 가장 마지막으로 발표된[*] 1885년의 인구조사 숫자가 주목할 만한 모습을 보여줍니다. 이 조사에서 우리는 자치단체의 민족구성을 직접적으로는 알아낼 수 없지만,─우리가 근사치의 정확성만으로도 만족한다면─간접적으로는 추측할 수 있습니다. 즉 종파라는 중간항을 통해서 말입니다. 우리가 고찰하는 민족 혼재(混在)지역 안에서는 종파가 민족과 일치하며, 오차가 있다 해도 2 내지 3퍼센트에 불과할 것입니다. 만약 우리가 각각의 지역에서 농민 촌락과 기사영지라는 경제범주들을 분리하고는, 그 경제범주들을─이것도 마찬가지로 부정확합니다만─면 내지는 영지 구역이라는 자치단체[**]와 동일시한다면, 농민촌락과 기사영지의 민족구성이 경작지의 질에 따라 서로 반비례

● 《자치단체 사전》(베를린, 1887)

●● 그럼에도 불구하고 사회계층을 위해서는 이 행정구분이 경영분포를 기초로 삼는 것보다 그 특징을 더 잘 나타내고 있다. 평지에서는 100헥타르 이하의 영주지 경영이, 고지에서는 200헥타르를 넘는 농민경영이 드물지 않다.

관계에 있다는 사실이 나타납니다. 즉 비옥한 군에서는 **영지**의 경우 가톨릭교도들, 말하자면 **폴란드인들**이 상대적으로 우세하고 **촌락**의 경우 개신교도들, 말하자면 **독일인들**이 우세합니다. 그리고 경작지의 질이 나쁜 군에서는 사정이 이와 정반대입니다. 예를 들어 1헥타르당 평균 과세 순수익액이 5마르크 이하인 군들을 함께 묶어 보면, 농민촌락에서는 35.5퍼센트만이, 영지에서는 50.2퍼센트가 개신교도입니다. 이에 반해 1헥타르당 평균 과세 순수익액이 10 내지 15마르크나 되는 군들의 그룹을 보면, 개신교도들이 촌락에서는 60.7퍼센트를 차지하고 있고, 영지에서는 겨우 42.1퍼센트를 차지할 뿐입니다. 어떻게 해서 이렇습니까? 왜 평지에서는 영지가, 고지에서는 촌락이 폴란드인의 집결지가 되었습니까? 곧 알 수 있는 것이 하나 있습니다. 그것은 **폴란드인들에게 경제적으로뿐만 아니라 사회적으로도 제일 낮은 주민층으로 모여드는 경향이 있다는 것**입니다. 질이 좋은 경작지, 특히 바익셀 강 평야에서는 농민의 생활수준이 언제나 영지의 날품팔이꾼보다 높았습니다. 반면에 대규모로 경작해야만 경제적이었던 질 나쁜 경작지에서는 기사영지가 문화의 담당자였으며 따라서 독일인의 대표자였는데, 그곳에서는 가난한 소농들의 생활수준이 오늘날에도 여전히 영지의 날품팔이꾼보다 낮습니다. 이러한 사실을 우리가 바로 알지 못하더라도, 주민의 연령구성을 보면 그것을 추측할 수 있습니다. **촌락**에서는 평지에서 산등성이로 올라가면, 14세 이하 아동 비율이 처음에는 35~36퍼센트이지만 경작지의 질이 떨어지면서 40~41퍼센트로 늘어납니다. 그리고 이것을 **영지**와 비교하면, 평지에서는 영지의 아동 비율이 촌락에서의 아동 비율보다 높고, 고지로 올라가면서 아동 비율은 늘어납니다. 그런데 이 증가는 영지가 촌락보다 더 느립니다. 그리고 고지에서는 영지의 아동 비율이 촌락의 아동 비율보다 낮습니다. 아이들의 수가 많다는 것은 여기서나 어디에서나 마찬가지로 낮은 생활수준의 발꿈치에 붙어다닙니다. 낮은 생활수준은 미래를 대비하는 생각을 질식시키기 때문입니다. 절약하는 문화, 비교적 높은 생활수준과 **독일민족**이라는 것은 서프로이센에서는 일치합니다.

그렇지만 두 민족은 수 세기 전부터 동일한 경작지에서 본질적으로 동일한 기회하에 서로 경쟁하고 있습니다. 그렇다면 그 차이의 원인은 어디에 있을까요? 사람들은 즉시 다음과 같이 믿고 싶은 강한 유혹을 느낄 것입니다. 즉 이 두 민족은 신체상의 인종자질뿐만 아니라 정신상의 인종자질 때문에도 여러 경제적 및 사회적인 생활조건에 대해서 서로 다른 **적응력**을 갖고 있다고 말입니다. 그리고 실제로 이것이 그 차이의 원인입니다. 그 증거는 주민과 민족의 **이동**에서 분명하게 나타나는 경향에 있습니다. 이 경향은 동시에 그 서로 다른 적응력이 동부의 독일인에게는 화가 된다는 것을 알게 해줍니다.

물론 개개의 자치단체에서의 이동을 관찰하기 위해 비교 목적으로 사용할 수 있는 숫자는 1871년부터 1885년까지의 숫자밖에 없습니다. 이 숫자로부터 발전의 시작을 겨우 어렴풋이 알 수 있는데, 이 발전은 그 이후 ― 우리가 알고 있는 모든 것에 따르면 ― 굉장히 강화되면서 계속되고 있습니다. 게다가 한편으로는 종파와 민족을, 또 다른 한편으로는 행정구역과 사회적 분류를 완전히 정확하게 일치하지 않는데도 어쩔 수 없이 동일시하기 때문에, 당연히 그 숫자가 보여주는 모습의 명확성이 손상되었습니다. 그럼에도 불구하고 우리는 문제점이 어디에 있는지를 아주 분명하게 알고 있습니다. 동부의 대부분 인구가 일반적으로 그랬던 것처럼 서프로이센 주의 농촌 인구는 1880년에서 1885년, 이 기간에 감소 경향을 나타냈습니다. 즉 서프로이센에서는 이 감소가 12,700명에 이르렀습니다. 말하자면 독일제국의 인구가 약 3.5퍼센트만큼 증가하는 동안, 서프로이센의 인구는 1.25퍼센트만큼 줄었습니다. 그런데 이 현상도 지금까지 말한 현상들과 마찬가지로 불균등하게 분포되어 있습니다. 즉 주의 인구는 감소하는데, 많은 군에서는 인구가 증가하고 있습니다. 게다가 감소와 증가라는 양자의 분포방식이 정말로 특이합니다. 우리가 우선 서로 다른 경작지의 질을 가지고 살펴보면, 누구나 인구 감소는 경작지의 질이 **가장 나쁜** 곳에서 가장 심하게 일어났을 것이라고 추측할 것입니다. 그곳에서는 가격하락의 압력으로 생계활동의 범위가 제일 먼저 너무 좁혀지지 않을 수 없기 때문입니다. 숫자를 잘 보면 사정은 그 **반대**라는 것을 알 수 있습니다. 예를 들면 평균 순수입액이 약 15~17마르크가 되는 일련의 가장 축복받은 군인 스툼(Stuhm)과 마리엔베르데르(Marienwerder)야말로 7~8퍼센트라는 가장 심한 인구 **유출**을 겪은 반면에, 고지에서는 5~6마르크의 순수입을 올리는 군들인 코니츠(Konitz)와 투헬(Tuchel)은 이미 1871년 이후부터 한결같이 가장 심한 인구 **증가**를 겪었습니다. 이것을 설명하려면 다음과 같이 묻게 됩니다. 즉 한편으로는 그 인구 유출이 어느 사회계층에서 일어났으며, 다른 한편으로는 이 인구 증가가 어느 사회계층에 도움이 되었는가? 숫자의 심한 감소를 나타내는 스툼, 마리엔베르데르, 로젠베르크 같은 군들을 잘 보면, 이 군들은 모두 **대토지소유**가 특히 심하게 지배하는 곳입니다. 더 나아가서 서프로이센 주 전체의 **영지 구역**들을 묶어서 고찰해보면, 영지 구역들의 인구가 1880년에는 동일한 면적에서 본래 촌락 인구에 비해 약 3분의

2에 지나지 않는 적은 수를 나타냈지만, 주 인구 감소의 거의 4분의 3인 9,000명 이상의 감소가 영지 구역에서만 일어났습니다. 다시 말하면 영지 구역들의 인구는 약 3.75퍼센트만큼 감소하였습니다. 그러나 영지들 **안에서도** 이 감소는 또다시 그 분포가 서로 달랐으며, 그중에는 인구가 증가한 곳도 있었습니다. 그리고 영지 인구가 심하게 감소한 지역들을 골라보면, 경작지의 질이 **좋은** 영지야말로 특히 심한 인구 유출을 겪었다는 것을 알 수 있습니다.

이에 반해 경작지의 질이 나쁜 고지에서 일어난 인구 **증가**는 주로 **촌락**에 도움이 되었습니다. 그것도 바로 경작지의 질이 **나쁜** 촌락들에 가장 도움이 되었습니다. 평지에 있는 촌락들과는 대조적으로 말입니다. 그러므로 질이 가장 좋은 경작지의 영지에서는 **날품팔이꾼**이 **감소**하고, 질이 **나쁜** 경작지의 영지에서는 **농민**이 **증가**하는 것이 그 경향입니다. 이 경우 무엇이 문제이고, 또 이것을 어떻게 설명해야 하는 가는 결국 여기에서도 다음과 같이 물으면 분명해집니다 : **그 민족들**이 이러한 이동에 대해 어떤 태도를 취하는가?

동부의 폴란드인은 19세기 전반에는 서서히 또 끊임없이 뒤로 밀려난 것처럼 보였습니다. 그러나 1860년대 이후에는 주지하는 바와 같이 마찬가지로 서서히 또 끊임없이 밀고 나오고 있습니다. 서프로이센에 대해서 이 나중의 사실을 가장 분명하게 보여주는 것은 언어조사입니다. 비록 이 조사가 근본적으로 결함이 있기는 하지만 말입니다. 그런데 민족들의 경계 이동은 원칙적으로 구분되어야 하는 두 가지 방식에 따라 행해질 수 있습니다. 그 하나는 민족들이 섞여 있는 지역에 사는 소수파 민족에게 다수파 민족의 언어와 관습이 점차 강요되어, 그 소수파 민족이 '흡수' 당하는 방식입니다. 이 현상도 동부에는 있습니다. 즉 이 현상은 가톨릭교파의 독일인에게 일어나고 있는데, 이것은 통계적으로 증명할 수 있습니다. 이들에게는 교회 유대가 민족 유대보다 강하고 문화투쟁(Kulturkampf)[8]의 추억도 함께 작용하고 있습니다. 또한 독일식으로 교육받은 성직자계급이 없기 때문에 가톨릭교파의 독일인들은 민족의 문화공동체에서 탈락하고 있습니다. 그러나 이보다 더 중요하고 우리의 관심을 좀 더 끄는 것은 민족이동의 두 번째의 형태, 즉 경제적 축출입니다. 이것이 여기에서 현재 일어나고 있습니다. 1871년에서 1885년 사이에 이 주의 여러 자치단체 단위에서 교파들의 비율이 어떻게 변했는지를 조사하면, 영지의 날품팔

---

8 1871~1880년 시기에 국가와 가톨릭교회 사이에 일어난 종교 및 정치 투쟁.

이꾼의 유출은 평지에서의 개신교도의 상대적인 감소와 항상 관계가 있으며, 고지대 촌락의 인구 증가는 가톨릭교도의 상대적인 증가와 관계있다는 것을 알 수 있습니다.* **문화수준이 높은 지역에서 떠나가는 것은 주로 독일인 날품팔이꾼이며, 문화수준이 낮은 지역에서 늘어나는 것은 주로 폴란드인 농민입니다.**

그러나 ― 여기서는 유출, 저기서는 증가라는 ― 이 두 가지 현상은 결국 동일한 하나의 원인에서 나오는데, 그것은 ― 일부는 물질적인 면에서, 또 일부는 정신적인 면에서 ― 생활수준에 대한 요구가 비교적 낮다는 사실입니다. 생활수준에 대한 이 낮은 요구가 슬라브인종이 자연으로부터 선물로 받은 것이든 아니면 지난 세월의 흐름 속에서 배양된 것이든 간에, 그 덕분에 그들은 승리를 얻었습니다.

독일인 날품팔이꾼들은 왜 떠날까요? 물질적인 이유 때문이 아닙니다. 임금수준이 낮은 지역에서 이 유출이 일어나는 것도 아닙니다만, 또 열악한 임금을 받는 부류의 노동자들에게

- 예를 들면 1871~1885년 사이에 스툼 군의 영지구역에서는 인구가 6.7퍼센트만큼 줄었지만, 기독교 주민에서 신교도가 차지하는 비율은 33.4퍼센트에서 31.3퍼센트로 떨어졌다. 코니츠 군과 투헬 군의 촌락들에서는 인구가 8퍼센트만큼 증가했지만, 가톨릭교도의 비율은 84.7퍼센트에서 86.0퍼센트로 상승하였다.

서 일어나는 것도 아닙니다. 이들의 상황은 동부의 영지에 있는 농업노동자보다 물질적으로 나은 것이 거의 없습니다. 또한 그 이유는 대도시 향락에 대한 많은 비난을 받고 있는 동경도 아닙니다. 이 동경은 젊은 자녀들이 계획 없이 고향을 떠나 떠돌아다니는 하나의 이유이기는 하지만, 오랫동안 고용되어온 날품팔이꾼 가족들이 그곳을 떠나는 이유가 아닙니다. 그렇다면 왜 대토지소유가 우세한 바로 그곳에서 사람들 사이에 그런 욕망이 생겨나는지, 왜 **농민촌락**이 시골 모습을 많이 지닐수록 날품팔이꾼의 이주가 감소하는지를 우리는 증명할 수 있을까요? 그 **이유**는 이렇습니다. 즉 고향의 영지군(群)들 사이에서 날품팔이꾼에게는 오로지 주인과 노예만이 있을 뿐이며, 아주 먼 훗날에도 그의 후손들에게는 영지의 종소리에 따라 남의 땅에서 뼈빠지게 일해야 한다는 전망밖에 없습니다. 먼 곳에 가고 싶어 하는 희미한 반(半)의식적인 충동에는 소박한 이상주의의 한 계기가 숨어 있습니다. 이것을 알아내지 못한 사람은 **자유**의 마력을 모르는 자입니다. 실제로 오늘날에는 자유의 정신이 서재의 고요함 속에서 우리를 감동시키는 경우가 거의 없습니다. 우리가 예전에 젊었을 때 가졌던 순진한 자유이상은 이미 퇴색했고, 우리 중의 많은 사람은 때 이르게 늙어 지나치게 약아빠졌습니다. 그리하여 그들은 인간의 가슴속에 있는 가장 원초적인 충동의 하나인 이 자유이상이 쇠퇴하는 정치관이나 경제정책 사상의 구호와 함께 이미 매장되었다고 믿고 있습니다.

독일인 농업노동자들이 고향의 **사회**생활 조건에 더 이상 적응할 수 없다는 것은 하나의 대대적인 심리현상입니다. 서프로이센에서 온 보고서에 따르면 지주들은 독일인 농업노동자들의 '자의식'에 대해 불평하고 있습니다. 오래된 가부장제적 영지의 소작관계에서는 날품팔이꾼이 지분권이 있는 한 사람의 작은 주인으로서 농업생산의 이해(利害)와 직접 관계가 있는데, 이런 소작관계는 사라지고 있습니다. 사탕무 재배지역에서의 계절노동은 계절노동자들과 화폐임금을 필요로 합니다. 이들은 앞으로도 순전히 프롤레타리아적인 생활을 할 수밖에 없지만, 그들에게 경제적으로 자립할 만큼 강력하게 향상될 가능성은 없습니다. 반면에 자의식을 지녔으며 도시에서 장소적으로 밀집해 있는 산업프롤레타리아의 마음은 그런 가능성으로 가득 차 있지만 말입니다. 이런 생활조건에는 독일인들을 대신하는 사람들, 즉 폴란드인 뜨내기 노동자들이 더 잘 순응합니다. 이들은 유목민처럼 중개업자들에 의해 러시아에서 모집되어 봄이 되면 수만 명이 국경을 넘어왔다가 가을이 되면 다시 떠납니다. 사탕무가 재배되면 농업경영은 계절산업이 되기 때문에, 폴란드인 뜨내기 노동자들은 처음에는 사탕무로 인해 등

장하지만 다음에는 어디에나 나타납니다. 이는 고용주가 노동자주택, 빈민구호부담, 사회적 의무 등에 대해서 걱정을 안 해도 되기 때문이며, 게다가 그들은 외국인으로서 불안정한 지위에 있어 지주가 하라는 대로 하기 때문입니다. 프로이센의 오랜 융커계급의 필사적인 경제투쟁은 이러한 부수현상하에서 진행되고 있습니다. 사탕무를 재배하는 영지에서는 가부장처럼 행동하는 대지주 대신에 산업경영자라는 하나의 신분이 나타납니다. 그리고 고지대에서는 농업불황의 압박을 받아 영지의 면적이 바깥쪽부터 떨어져 나가 그 바깥쪽 경작지에서는 영세소작인들이나 소농들의 거주지가 생겨납니다. 옛날의 토지귀족이 지녔던 권세의 경제 기반이 사라지고 있는 만큼, 토지귀족 자신은 과거와는 다른 존재가 되고 있습니다.

그런데 왜 자리를 잡은 것은 **폴란드인** 농민들입니까? 그들이 경제지능이나 자본력에서 우월하기 때문입니까? 오히려 그들이 그 두 가지 면에서 우월하지 않기 때문입니다. 조방축산 외에 주로 곡물이나 감자의 생산을 허용하는 기후와 토지에서는 자신의 생산물을 가격 폭락이 있더라도 가치의 감소를 가장 적게 해주는 곳으로 가져가는 사람, 즉 그 자신의 위(胃)로 가져가는 사람 — **자가수요**를 위해 생산하는 사람 — 이 이 경우 시장의 불리한 여건에 가장 적게 위협받습니다. 또 다른 한편으

로는 자신의 자가수요를 **최저로** 책정할 수 있는 사람, 즉 육체
적으로나 정신적으로나 생활수준에 대한 요구를 가장 적게 하
는 사람이 유리합니다. 동부에 있는 폴란드인 소농은 부지런한
영세농민층과는 아주 다른 종류의 한 유형입니다. 여러분들이
이곳 축복받은 라인평야에서 보는 이 부지런한 영세농민층은
상업 작물의 재배와 원예를 통해 도시에 편입되어 있습니다.
폴란드인 소농이 자리를 잡는 것은 그가 말하자면 땅에서 풀을
뜯어먹고 살기 때문입니다. 그의 육체적 및 정신적인 생활습관
이 열등함에도 불구하고 그런 것이 아니라, 열등하기 **때문에** 그
런 것입니다.

따라서 우리 눈앞에서 일어나는 것은 하나의 **도태과정**인 것
같습니다. 두 민족은 옛날부터 똑같은 생활조건에 있었습니다.
그 결과는 통속적인 유물론이 생각하는 것처럼 그들이 육체적
으로나 정신적으로나 똑같은 성질을 갖는다는 것이 아니었습
니다. 그 결과는 한 민족이 다른 민족에게 굴복한다는 것, 즉
주어진 경제적 및 사회적인 생활조건에 더 큰 적응력을 지닌
민족이 승리한다는 것이었습니다.

이 서로 다른 적응력 자체를 두 민족은 고정된 크기로서 몸
에 지니고 있는 것 같습니다. 이 서로 다른 적응력은 수천 년의
세월 속에서 생겨났을지도 모르는 것처럼, 어쩌면 수세대에 걸

처 배양과정이 진행되는 동안에 또다시 변할 수도 있지만, 현재를 조사하는 이 시점에서는 서로 다른 이 적응력이 우리가 주어진 것으로 고려해야 하는 하나의 계기입니다.*

힘들이 자유롭게 작용해 일어나는 도태는 우리 중의 낙관주의자들이 생각하는 것처럼 경제적으로 고도의 발전을 했거나 소질이 있는 민족에게 항상 유리한 결과를 가져다주지는 않

---

* 지적할 필요가 거의 없다고 나는 생각하지만, 도태원리의 타당범위, 즉 '배양' 개념을 자연과학적으로 사용하는 것에 관한 자연과학상의 논쟁문제들과 나로서는 문외한인 이 영역에서 그것들과 관련된 모든 논의는 위에서 말한 지적과는 관계없다. '도태' 개념은 오늘날 예를 들면 태양 중심 가설[지동설]과 마찬가지로 공동재산이며, 인간 '배양' 사상은 이미 플라톤의 《국가론》에 나온다. 이 두 개념은 예컨대 이미 랑게(F. A. Lange)[독일의 철학자. 1828~1875]가 그의 《노동자 문제》에서 사용했으며 또 오래전부터 우리에게는 친숙하다. 따라서 경제학 문헌을 알고 있는 사람이면 누구나 그것들의 의미를 오해한다는 것은 있을 수 없는 일이다. 이보다 더 어려운 것은 다음과 같은 문제이다. 즉 다윈(Charles R. Darwin)이나 바이스만(August Weismann)[독일의 유전학자. 1834~1914]이 말하는 의미에서의 도태 관점의 타당범위를 경제학 연구 분야에서도 넓히려는 인류학자들의 시도(이러한 시도는 최근에 시작되었다. 창의적이지만 방법이나 객관적인 성과 측면에서는 상당한 의심을 불러일으키고 있으며, 여러 가지 점에서 지나치기 때문에 확실히 잘못되었다)에 얼마나 지속적인 가치가 있겠는가라는 문제이다. 그럼에도 불구하고 예컨대 오토 암몬(Otto Ammon)[독일의 사회학자. 1842~1916]의 저서들 (《인간에게서의 자연도태》, 《사회질서와 그 자연적 기초》)은 어쨌든 현재 받고 있는 것보다 더 많은 주의를 받을 가치가 있다. 유보해야 할 것은 모두 유보한다 하더

습니다(우리는 이것을 알고 있습니다). 인류의 역사가 알려주는 바에 따르면, 인간성의 발달 수준이 낮은 민족이 승리하고 정신생활이나 정서생활에서 고귀한 꽃을 피운 민족이 사라진 경우가 있습니다. 그 고귀한 꽃을 보유한 인간공동체가 그들의 사회조직 때문이든 그들의 인종자질 때문이든 간에 생활조건에의 적응력을 잃어버렸을 때였습니다. 우리의 경우에는 농업 경영형태의 변화와 농업의 강력한 위기가 경제발전 면에서 낮은 단계에 있는 민족으로 하여금 승리하도록 도와주고 있습니다. 사탕무 재배가 성행하게 되었다는 것과 곡물을 판매하려고 생산하는 일이 수익성이 없다는 것이 서로 나란히 똑같은 방향으로 작용하고 있습니다. 즉 전자는 폴란드인 계절노동자들을 먹여 살리고 있고, 후자는 폴란드인 소농들을 먹여 살리고 있습니다.

지금까지 논한 사실들을 돌이켜볼 때, 그것들로부터 끄집어낼 수 있는 일반적인 관점의 타당범위를 이론적으로 설명하

라도 말이다. 경제학의 문제들을 설명하기 위해 자연과학 측면에서 제공된 논의의 대부분이 지닌 한 가지 결점은 무엇보다도 사회주의를 '반박' 하려고 하는 그릇된 공명심이다. 이 목적을 이루는 데 열중하면, 사회질서에 관한 소위 '자연과학적 이론'이 본의 아니게 그 사회질서를 변호하는 이론이 된다.

는 일은 나의 능력으로는 전혀 할 수 없다는 것을 기꺼이 고백합니다. 어느 한 주민들의 육체나 정신의 성질이 그들이 처해 있는 생활관계의 영향을 받아 어느 한계까지 변하는가라는 문제는 한없이 어려우며 또 현재로서는 확실하게 해결할 수 없습니다. 저 역시 이 문제를 감히 건드리고 싶지 않습니다.

이에 반해 누구나 부지불식간에 무엇보다도 먼저 묻게 되는 것은 여기 동부에서는 어떤 일이 일어날 수 있고 또 어떤 일이 일어나야 하는가라는 문제입니다.

그러나 죄송하지만 이 자리에서는 이 문제를 자세히 논의하지 않겠습니다. 제 생각에 독일인 입장에서는 마땅히 제기되어야 하고 또 실제로 점점 더 많은 동의를 얻으면서 제기되고 있는 두 가지 요구를 간단히 지적하는 것으로 만족하겠습니다. 첫 번째 요구는 동부 국경을 폐쇄하라는 것입니다. 이 폐쇄는 비스마르크[9] 후작 당시 실현되었다가 그의 사직 후 1890년에 다시 해제되었습니다. 그렇지만 외국인들에게는 영속적인 이주가 여전히 금지되어 있었으며, 다만 뜨내기 노동자로서의 입국은 그들에게 허용되었습니다. 프로이센 정상에 있는 '계급

---

9 오토 폰 비스마르크(Otto von Bismarck, 1815~1898) : 프로이센 수상으로 독일을 통일했다.

의식을 지닌' 대지주[10]는 우리 국민의 이익을 지키기 위해 외국인을 막았습니다. 그리고 중농주의자들의 미움을 받았던 그 적(敵)[11]은 대지주들을 위해 외국인들의 입국을 허용하였습니다. 하지만 대지주들만이 외국인들의 이주로 이익을 보고 있습니다. 여기서 알 수 있는 것은 '경제적인 계급관점'이 반드시 경제정책에 관한 일을 좌우하지는 않는다는 사실입니다. 여기서의 실상은 국가의 조종자가 강력한 인물에서 약한 인물로 바뀌었다는 것입니다. 또 하나의 요구는 국가 측에서 토지를 체계적으로 사들이라는 것입니다. 말하자면 한편으로는 국유지를 확대하는 동시에, 또 다른 한편으로는 독일인 농민들을 적당한 토지에, 특히 적당한 국유지에 조직적으로 식민하라는 요구입니다. 독일인의 희생으로만 유지될 수 있는 대규모 영농들은 국민의 입장에서 볼 때 망해도 쌉니다. 그리고 그러한 대규모 영농들을 그대로 둔다는 것은 토지가 점점 분할되면 살 수 없는 슬라브인의 기아 식민지를 발생시키는 것이 됩니다. 그리고 동부 토지의 꽤 많은 부분을 국가의 수중에 넘기는 것은 슬라

---

10 비스마르크.

11 레오 폰 카프리비(Leo von Caprivi, 1831~1899). 독일의 군인이자 정치가로 1890년 비스마르크의 뒤를 이어 수상(1890~1894)이 되었다.

브인들이 밀려 들어오는 것을 막는 데 필요할 뿐만 아니라, 다음과 같은 점에서도 필요합니다. 즉 지주 자신들이 자기들의 사유재산 존속에 대해 가차 없는 비판을 한다는 점에서도 말입니다. 이들은 곡물 독점 형태나 매년 5억 마르크의 기부를 받는 형태로 위험을 줄여줄 것을 요구하고 있는데, 자신들의 재산에 대해 스스로 책임지는 것이 그 사유재산의 유일한 정당한

● 내가 말한 것과 똑같은 사상맥락에서 현재 특히 슈몰러(Gustav von Schmoller)〔독일의 경제학자. 1838~1917〕교수도 그의 연감에서 이러한 요구를 하고 있다. 실제로 대지주계급 중에서도 국가적으로 볼 때 농업경영의 지도자로서 존속시킬 가치가 있는 그런 사람들은 보호되어야 하지만, 이는 단지 국유지의 임차인으로서이지 소유주로서가 아니다. 물론 나의 견해는 다음과 같다. 즉 토지 구입은 적당한 국유지에의 이주와 유기적으로 결부되어야만 지속적인 의미를 가지기 때문에, 동부의 토지 일부를 국가가 관리하고 또 그 토지가 국가의 수중에 있는 동안 국가가 빌려주는 돈으로 정력적인 토지개량이라는 치료를 수행한다는 것이다. 이주위원회가 극복하지 않으면 안 되는 어려운 점은 ― 이주해온 사람들을 '사후치료' 해야 하는 부담을 도외시한다면(이 이주민들은 지불유예 요구를 포함해서 얼마 후에는 좀 더 냉정하게 평소의 국고 상태에 맡기는 편이 더 나을 것이다) ― 다음과 같은 사실에 있다. 즉 매입된 영지들은 그 대부분이 처음 10년 동안은 국유지의 임차인들 손 안에서 토지개량이라는 치료를 받는 편이 더 나을 것이라는 사실에 그 어려운 점이 있다. 지금 이 토지개량은 많은 비용 손실을 수반하는 행정을 통해 아주 급하게 수행되지 않으면 안 된다. 확실히 많은 국유지에는 지금 당장 사람들을 이주시키는 것이 적절했을 것이다. 이 어려운 점들 때문에 조치하는 데 시간이 걸렸지만, 그렇다고 해서 물론 《프로이센 연감》에 실려

근거입니다.*

그러나 이미 말한 것처럼, 내가 오늘 이야기하고 싶은 것은 이 프로이센의 농업정책이라는 실제적인 문제가 아닙니다. 나는 오히려 이러한 문제가 우리 나라 사람들 모두에게 일어난다는 사실을 이야기의 실마리로 삼고 싶습니다. 즉 우리들이 동부의 독일인 자체가 보호받아야 한다고 생각하며 그를 보호하려면 국가의 경제정책에도 도전해야 한다는 사실을 이야기의 실마리로 삼고 싶습니다. 우리 나라가 하나의 **국민국가**라는 사정이 우리로 하여금 이러한 요구를 할 권리가 있다고 느끼게 합니다.

그런데 경제정책적 고찰은 이러한 사정과 어떤 관계가 있

있는 한스 델브뤽(Hans Delbrück)〔독일의 역사학자. 1848~1929〕의 유명한 여러 논문에서 이 조치가 미치는 민족정책상의 영향에 대해 그가 내리는 판단을 정당화하는 것은 결코 아니다. 정착한 농가들의 수를 폴란드인의 수와 비교해 기계적으로 계산하는데, 이미 이 일부터 이주라는 문화사업을 현장에서 지켜본 사람에게는 수긍이 안 간다. 사실 몇 개의 촌락에 각각 10여 채의 독일인 농가가 있으면 경우에 따라서는 수 평방 마일을 독일화한다. 물론 이 경우는 다음과 같은 일이 전제가 될 때이다. 즉 동부에서 프롤레타리아 보충부대가 나가지 못하게 막는 것과 대(大)영지가 세분화되어 붕괴되는 것을 막거나 또는 지대농장법으로 더욱더 풀려난 세력들의 자유로운 활동에 맡겨놓음으로써 물을 긷는 나무통의 밑바닥을 뚫는 일이 없도록 하는 일이 그것이다.

습니까? 그러한 민족주의적 가치판단은 경제정책적 고찰을 하는 데는 편견이므로 이 편견을 조심스럽게 제거해야 합니까? 그러고는 감정적인 반응에 영향받지 않고 경제정책적 고찰 고유의 가치기준을 경제사실에 적용해야 합니까? 그렇다면 이 국민경제정책의 '고유한' 가치기준이란 **어떤 것**입니까? 앞으로 할 약간의 고찰에서 나는 이 문제에 좀 더 가까이 접근하고 싶습니다.

겉으로는 '평화'의 모습을 하고 있어도, 민족들 간의 경제투쟁은 그 걸음을 멈추지 않는다는 사실이 드러났습니다. 동부의 독일인 농민들과 날품팔이꾼들은 공공연한 싸움 속에서 정치적으로 우세한 적들에 의해 경작지에서 쫓겨나는 것이 아닙니다. 그들은 일상적인 경제생활의 조용하면서도 지루한 시합장에서 그들보다 열등한 인종과의 승부에서 패배해 고향을 버리고 어두운 미래 속으로 사라지고 있습니다. 경제상의 생존투쟁에도 평화는 없습니다. 저 겉보기의 평화를 진짜로 여기는 사람만이 평화와 삶의 즐거움이 우리의 후손을 위해 미래의 품속에서 생겨난다고 믿을 수 있습니다. 우리가 정말로 알고 있듯이 통속적인 견해에 따르면 경제정책이란 세상을 행복하게 하기 위한 처방에 대해서 심사숙고하는 일입니다. 다시 말해서 인간 삶의 '쾌락의 결산'을 개선하는 것이 통속적인 견해에 따르면 우리 활동의 이해될 수 있는 유일한 목적입니다. 그러나 암담하면서도 심각한 인구문제를 생각하면, 우리는 행복주의자가 될 수 없고, 미래의 품속에 평화와 인간의 행복이 숨어 있다고 허황되게 생각할 수도 없습니다. 뿐만 아니라 인간과 인간의 가혹한 투쟁을 거치지 않고 다른 방법으로 현세에서의 활동범위가 얻어진다는 것도 믿을 수 없습니다.

확실히 이타주의에 기초하지 않는 경제정책 활동은 존재하지 않습니다. 경제정책이나 사회정책에서 현재 행해지는 모든 노력의 성과 중 그 압도적인 대다수는 지금 살아 있는 세대가 아니라 미래 세대에게 도움이 됩니다. 우리의 활동이 어떤 의미를 지녀야 한다면, 그것은 미래를 위한 배려, 즉 우리 **후손들**을 위한 배려이며 또 그럴 수밖에 없습니다. 그러나 낙관주의적인 행복의 희망에 기초한 경제정책 활동도 존재하지 않습니다. 인류 역사가 들어가는 미지의 미래 문 위에는, 평화와 인간의 행복의 꿈에 대해서 모든 희망을 버려라(lasciate ogni speranza)[12]라는 글이 씌어 있습니다.

우리 자신의 세대가 무덤에 들어간 다음의 일을 생각할 경

---

12   이탈리아 작가 알리기에리 단테(Alighieri Dante, 1265~1321)의 《신곡(Divina Commedia)》 지옥편에 나오는 문구로 지옥문 입구에 씌어 있다.

우 우리 마음을 움직이는 물음은 미래의 인간들이 어떻게 살고 있는가라는 것이 아니라 그들이 어떤 인간이 될 것인가라는 것입니다. 이러한 물음은 또한 사실 모든 경제정책 활동의 밑바탕에 놓여 있습니다. 우리가 그들에게서 키워내고 싶은 것은 인간이 아무 탈 없이 건재하는 것이 아닙니다. 우리가 그들에게서 키워내고 싶은 것은 그들이 인간의 위대함과 우리 본성의 고귀함을 형성한다고 우리가 느끼지 않을 수 없는 그러한 성품입니다.

경제학에서는 재화생산의 기술적·경제적인 문제와 재화분배 문제, 즉 '사회정의' 문제가 가치기준으로 교대로 강조되어 왔거나 순진하게도 이 두 문제가 동일시되어 왔습니다. 그렇지만 이 두 문제를 뛰어넘어서 반은 무의식적이면서도 모든 것을 압도하며 항상 또다시 나타나는 것은 다음과 같은 인식입니다. 즉 인간에 대한 하나의 과학 — 이것은 바로 경제학인데 — 이 무엇보다도 중요시하는 것은 저 경제적 및 사회적 생활조건에 의해 육성되는 인간의 **성질**이라는 인식입니다. 그리고 여기서 우리는 어떤 환상을 조심해야 합니다.

경제학은 설명하고 분석하는 학문으로서는 **국제적**입니다. 그러나 그것이 **가치판단**을 내리는 경우 곧바로 그것은 우리가 우리 자신의 본질에서 발견하는 저 인간성의 각인에 구속받습니다. 경제학이 이런 구속을 받는 경우는 흔히 우리가 우리 자신의 속성에서 가장 많이 빠져나왔다고 믿는 바로 그때에 가장 많습니다. 그리고 — 약간 공상적인 비유를 사용하면 — 만약 우리가 수천 년 후에 무덤에서 나올 수 있다면, 우리가 후손들의 얼굴에서 찾게 될 것은 우리 자신의 본질의 오래된 흔적일 것입니다. 아무리 최고이고 궁극적인 것이라 하더라도 현세에서 우리의 이상은 덧없으며 허무합니다. 우리는 우리의 이상을 미래에 강요하고 싶지 않습니다. 그러나 우리가 바랄 수 있는 것은 미래의 사람들이 우리의 특성을 보고 **그들 자신의 조상**의 특성이라고 인정하는 것입니다. 우리는 우리의 활동과 우리의 본질로 후손의 선조가 되고 싶습니다.

그러므로 독일 국가의 경제정책은 독일 경제학자의 가치기준과 마찬가지로 오로지 독일적일 수밖에 없습니다.

경제발전이 국경을 넘어 여러 국민을 포괄하는 하나의 경제공동체를 형성하기 시작한 이후로는, 사정이 혹시 달라졌을까요? 저 '민족주의적인' 평가기준은 '국민이기주의'와 마찬가지로 그 이후로는 경제학에서 폐물로 간주해 더 이상 사용해서는 안 됩니까? 그렇다면, 가족이 전에 가졌던 생산공동체로서의 기능을 박탈당하고 경제공동체 속에 편입된 이후 경제적 자기주장을 위한 투쟁, 즉 자신의 아내와 아이를 위한 투쟁은 그래서 없어졌습니까? 그렇지 않다는 것을 우리는 알고 있습니다. 즉 이 투쟁은 **다른 형태**를 취하였습니다. 이 다른 형태를 완화로 보아야 하며 오히려 내면화나 첨예화로 보아서는 안 되는지는 여전히 문제가 될 수 있지만 말입니다. 이와 마찬가지로 경제공동체라는 것도 국민 상호 간 투쟁의 또 하나의 형태에 불과합니다. 이 형태는 자신들의 문화를 주장하는 투쟁을 완화시킨 것이 아니라 더욱 곤란하게 하였습니다. 왜냐하면 경제공동체는 국민 자신의 내부에 있는 물질적 이해를 이 국민의 미래에 대한 동맹자로서 경쟁장 안으로 불러들이기 때문입니다.

우리가 후손들에게 전별품으로 주어야 하는 것은 평화와 인간의 행복이 아니라 우리의 국민 특성을 보존하고 육성하기 위한 **영원한 투쟁**입니다. 그러므로 우리는 낙관적인 희망에 사로잡혀서는 안 됩니다. 즉 우리 시대에 경제 문화를 최대한 발전시키면 일은 다한 것이며, 그다음에는 자유롭고 '평화적인' 경제투쟁에서의 도태가 한층 더 발전한 유형〔국민〕을 도와 이 유형에게 저절로 승리를 얻게 할 것이라는 낙관적인 희망에 사로잡혀서는 안 됩니다.

우리 후손들에 대해서 우리가 역사 앞에서 책임지는 것은, 우리가 그들에게 넘겨주는 경제조직이 어떤 종류의 것이냐 하는 것이 아니라 우리가 이 세상에서 쟁취해서 그들에게 남기는 활동범위가 얼마나 되느냐 하는 것입니다. 경제발전 과정도 결국은 권력투쟁입니다. 국민의 권력 관심은 이것이 문제되는 곳에서는 최종적이며 결정적인 관심입니다. 국민의 경제정책은 여기에 봉사해야 합니다. 그러므로 경제정책에 대한 과학은 하나의 **정치적인** 과학입니다. 그 과학은 정치의 시녀이지만, 그때 그때 지배하는 권력자나 계급의 일상정치에 봉사하는 시녀가 아니라 국민의 영속적인 권력정치 관심에 봉사하는 시녀입니다. 그리고 국민국가란 그 본질을 신비한 어두움으로 감싸면 감쌀수록 그만큼 더 높은 곳에 모실 수 있다고 생각되는 그 어떤 애매모호한 것이 아닙니다. 국민국가란 국민의 세속적인 권력조직입니다. 이 국민국가에서는 경제를 고찰하는 경우의 궁극적인 가치기준도 우리에겐 '국가이성(Staatsraison)'[13]입니다. 국가이성에 대해서는 이상한 오해가 있습니다. 이 오해는 '자조' 대신에 '국가의 도움'을, 경제세력들 간의 자유로운 경쟁 대신에 경제생활에 대한 국가의 규제를 국가이성이라고 믿고 있습니다. 그렇지만 우리에게 국가이성이란 그런 것을 뜻하지 않습니다. 우리는 국가이성이라는 이 표어로 다음과 같은 요구

---

13 자기목적적인 존재로서의 국가를 유지하고 강화시키기 위해서 지켜야 할 법칙이나 행동기준.

를 제기하고 싶습니다. 즉 독일의 경제정책 문제에 대해서
는—특히 국가는 경제생활에 개입해야 하는지 개입해야 한다
면 어느 정도로 해야 하는지, 아니면 국가는 오히려 국민의 경
제능력에 대한 속박을 풀고 제한을 철폐해서 이 국민의 경제능
력이 자유롭게 발휘하도록 해야 하는지 또 언제 그렇게 해야
하는지라는 문제에 대해서도—개개의 경우 우리 국민과 그
담당자인 독일 국민국가의 경제적 및 정치적인 권력 이해에 따
라 최종적이며 결정적인 판정을 내려야 한다는 요구가 그것입
니다.

　자명한 것처럼 생각되는 이런 사실들을 상기시켰다는 것이
쓸데없었습니까? 아니면 경제학의 바로 한 젊은 대표자가 상
기시켰다는 것이 쓸데없었습니까? 나는 그렇게 생각하지 않습
니다. 왜냐하면 바로 우리 세대는 이 가장 단순한 판단의 기초
를 아주 쉽게 시야에서 놓치는 경우가 드물지 않은 것 같기 때
문입니다. 우리가 목격하는 바와 같이, 바로 우리의 과학인 경
제학을 움직이는 문제들에 대해서 우리 세대의 관심이 예상 외
로 커지고 있습니다. 우리가 보다시피 모든 분야에서 경제학적
고찰방식이 진출하고 있습니다. 정치 대신에 사회정책이, 법률
관계 대신에 권력관계가, 정치사 대신에 문화사와 경제사가 고
찰할 때 전면에 나서고 있습니다. 우리의 역사학 동료학자들이

쓴 훌륭한 저작들을 보면, 예전에는 우리 선조들의 전쟁 업적에 대해 이야기했던 곳에 오늘날에는 '모권제'라는 괴물이 넓게 자리를 차지하고 있으며, 그리고 카탈라누움 평야에서 훈족과의 전투[14]는 부차적으로 취급되고 있습니다. 우리 중에서 가장 명민한 한 이론가는 법학을 '경제학의 한 시녀'라고 부를 수 있다고 자신 있게 생각하였습니다. 그리고 다음의 한 가지는 진실입니다. 즉 법학에도 경제학적 고찰형식이 침입하였으며, 법학의 중심부 핵인 로마법학자들의 법학 입문서에서조차 경제의 유령들이 여기저기에 살짝 나타나기 시작한다는 것입니다. 또 재판 판결문을 보더라도 법률개념들이 다 떨어져가는 그곳에 소위 '경제 관점'이 대신 나타나는 경우가 드물지 않습니다. 요컨대, 어느 동료 법학자의 반쯤은 나무라는 듯한 말을 빌면 우리는 '유행을 따르고 있습니다.' 그런데 이처럼 자랑스럽게 앞길을 트면서 나가고 있는 하나의 고찰방식이 어떤 환상의 위험과 자신의 관점의 타당범위를 과대평가하는 위험, 특히

---

14 451년 파리 북동방 평원에서 있었던 훈족과 서로마군의 전투. 아틸라 왕 휘하 훈족의 대군은 전 유럽을 휩쓸 기세를 보였지만, 서고트의 테오도리쿠스와 연합한 서로마의 아이티우스가 이 결전에서 훈족을 격파하였다. 서방문화의 전통을 지닌 서로마제국과 동양민족 훈의 결전은 그 후의 서유럽 문명을 결정하는 결과를 낳았다.

아주 특정한 방향에서 과대평가하는 위험에 빠지고 있습니다. **철학적** 고찰의 소재 확대가 우리 문외한들 사이에서는 인간 인식의 본질에 대한 오래된 물음은 이젠 더 이상 철학의 궁극적인 중심 문제가 아니라는 생각으로 아주 자주 이어진 것처럼—오늘날 철학의 오래된 강좌들이 예를 들면 뛰어난 생리학자들에게 매우 자주 맡겨지는 것을 보면 철학적 고찰의 소재가 확대되었다는 것을 이미 외적으로도 알 수 있습니다만—자라나고 있는 세대의 머릿속에서는 또한 다음과 같은 관념이 형성되었습니다. 즉 국민경제학의 활동 덕분에 인간공동체의 본질에 대한 **인식**이 굉장히 확대되었을 뿐만 아니라, 우리가 현상을 **평가**할 경우 궁극적으로 사용하는 **기준** 역시 완전히 새로운 기준이 되었으며 정치경제학은 그 자신의 소재로부터 고유의 이상을 끄집어낼 수 있다는 관념이 형성되있습니다. 물론 독자적인 경제이상이나 '사회정책상'의 이상이 존재하는 것처럼 보는 것은 착각입니다. 이것이 착각이라는 사실은 우리 경제학의 문헌을 이용해 평가의 이 '고유한' 기초를 찾아내려고 하면 곧 분명하게 드러납니다. 우리가 거기서 부딪히는 것은 가치기준들의 **혼란**입니다. 이 가치기준들에는 행복주의적인 성질의 것도 있고 윤리적인 성질의 것도 있는데, 흔히는 이 두 가지 성질의 가치기준이 애매하게 동일시되고 있습니다. 가치판단이 도처에서 솔직하게 내려지고 있습니다. 사실 경제현상에 대한 **가치판단**의 포기는 실제로 사람들이 요구하는 바로 그 일을 포기하는 것을 뜻합니다. 그러나 판단을 내리는 사람이 그 판단의 궁극적인 주관적 핵심을, 분명히 밝히거나, 심지어는 그가 관찰된 현상을 판단할 때 출발점으로 삼는 바로 그 이상을 다른 사람에게나 **자기 자신**에게 분명히 하는 것은 통례적인 일이 아니라 예외적인 일입니다. 즉 의식적인 자기통제가 부족하고, 판단 안에 있는 모순들을 저자는 의식하지 못한 것입니다. 그리고 그가 그 가치판단의 특수한 '경제' 원리를 일반적으로 정식화하려고 할 경우, 그는 애매모호한 불확실성 속에 빠집니다. 사실 우리 역시 우리 경제학의 소재 속으로 가지고 들어오는 것은 우리 스스로가 얻은 고유의 이상이 아니라 오래전부터 있었던 **인간 이상의 일반적인 유형**입니다. 오로지 기술자의 순수 플라톤적인 관심만을 자신의 기초로 삼는 자만이, 또는 이와 반대로 지배계급이든 피지배계급이든 어느 특정한 계급의 현실적인 이익만을 자신의 기초로 삼는 자만이 그 소재 자체로부터 자신의 가치판단을 위한 어떤 고유의 기준을 끄집어내려고 할 것입니다.

그리고 다름 아닌 독일 역사학파의 제자인 우리가 지극히 단순한 이 진실을 똑똑히 보는 것은 전혀 불필요한 일일까요?

바로 우리야말로 자칫하면 하나의 특수한 환상에 쉽게 빠집니다. 즉 우리는 우리 나름의 의식적인 가치판단을 **일반적으로 하지 않아도** 된다는 환상에 말입니다. 쉽게 납득하실 수 있겠지만, 물론 그 결과는 우리가 그런 의식적인 가치판단을 하지 않는다는 의도에 계속 충실하다는 것이 아닙니다. 그 결과는 우리가 통제받지 않는 본능이나 동정, 반감에 사로잡힌다는 것입니다. 그리고 이보다 더 쉽게 우리에게 일어나는 일은 우리가 경제현상을 분석하고 **설명**할 때 출발점으로 삼았던 그 점이 모르는 사이에 그 현상에 대한 우리의 **판단**도 규정한다는 사실입니다. 우리 학파와 경제학이 성과를 올린 것은 우리 학파의 고인이 된 대가들뿐만 아니라 살아 있는 대가들 덕분인데, 이분들의 위대한 특성들이 우리들에게서는 결점으로 변하는 일이 없도록 우리는 조심해야 할 것입니다. 경제현상의 고찰에는 서로 다른 두 종류의 출발점이 있는데, 이것들이 사실상 주로 문제됩니다.

즉 그 둘 중의 하나는 우리가 경제발전을 특히 위에서 바라보는 입장입니다. 다시 말하면 대독일의 행정사라는 높은 곳에서 경제 및 사회 문제에 대한 행정과 조치의 발생을 추적하는 입장입니다. 그리고 이 입장을 취하면 우리는 어쩔 수 없이 대독일의 행정사를 변호하게 됩니다. 앞에서 든 우리의 예에서 말하면, 만약 행정이 동부 국경을 폐쇄하기로 결정하는 경우 우리는 다음과 같이 생각하고 싶고 또 그렇게 생각할 수 있습니다. 즉 역사의 발전 순서는 과거의 위대한 추억의 결과로 오늘날의 국가에 자기 국민의 문화보호에 관한 고귀한 임무를 부여하는 만큼, 동부 국경의 폐쇄야말로 이 역사의 발전 순서를 완결하는 것이라고 말입니다. 만일 그 결정이 이루어지지 않으면, 우리는 그런 과격한 간섭이 필요하지도 않고 또 오늘날의 견해와 더 이상 일치하지도 않는다는 인식에 더 가까이 다가서게 됩니다.

또 하나는 우리가 경제발전을 오히려 아래에서 고찰하는 입장입니다. 즉 경제적 이해갈등의 혼란 속에서 상승하는 계급의 해방투쟁이 뚜렷하게 나타나고 있는 거대한 광경을 보며, 경제적인 힘의 상황이 어떻게 그 상승하는 계급에 유리하게 변해가느냐를 관찰하는 입장입니다. 그리고 우리는 모르는 사이에 이 상승하는 계급 편을 듭니다. 왜냐하면 이 계급이 더 강한 계급이거나 더 강한 계급이 되기 시작했기 때문입니다. 자신들이 승리한다는 바로 이 사실을 통해서 정말이지 이 계급은 그들이 '경제적으로' **남보다 더 고귀한** 인간임을 증명하는 것 같습니다. 그래서 역사가는 다음과 같은 생각에 너무 쉽게 사로잡힙니다. 즉 **남보다 더 고도**로 발전한 자가 투쟁에서 승리하는 것은 자명한 일이며, 생존투쟁에서 패배하는 것은 '시대에 뒤떨어졌다'는 징후라는 생각에 말입니다. 그리고 그때 힘의 변동을 나타내는 수많은 징후 중 어떤 새로운 징후가 나타나면, 그것은 역사가에게 만족감을 줍니다. 이는 그 새로운 징후가 역사가의 관찰이 옳다는 것을 증명하기 때문만이 아닙니다. 그는 반(半)무의식적으로 그 새로운 징후를 하나의 개인적인 승리처럼 느끼기 때문이기도 합니다. 즉 역사가가 역사에 대해서 발행한 어음을 역사가 지불하는 것입니다. 저 계급 간의 힘의 상황의 발전에 맞서는 저항력들이 나타나면, 역사가는 그것들을 자신도 모르게 어떤 적대감을 갖고 관찰합니다. 이것들은 본의 아니게 그에게는 결코 자명한 이익의 주장에서 당연히 나오는 결과로 보이지 않고, 이를테면 그 역사가가 정식화한 '역사의 판정'에 거역하는 반항으로 보입니다. 우리는 역사의 발전 경향이 반영되지 않은 결과로 보이는 현상들에 대해서도 비판해야 하지만, 지금 말하고 있는 입장을 취하면 우리는 그러한 비판을 가장 절실하게 필요로 하는 바로 그때에 비판력을 상실하고 마는 것입니다. 참으로 경제상의 권력투쟁에서 승자의 수행원 노릇을 하고 싶으면서도 또 이 경우 **경제적인 힘과 국민을 정치적으로 지도하는 사명이 반드시 일치하지는 않는다는 사실을 잊고 싶은** 유혹에 아무튼 우리는 너무나도 빠지기 쉽습니다.

왜냐하면 ― 이렇게 해서 우리는 실천적이며 정치적인 성질
이 강한 일련의 마지막 고찰에 이르게 됩니다만 ― 우리 경제
민족주의자들에게는 단 하나의 최고 가치기준인 저 **정치적 가
치기준**에 입각해서, 우리는 국민의 지도권을 수중에 넣었거나
또는 그것을 얻고자 애쓰는 계급들도 평가하기 때문입니다. 우
리가 문제 삼는 것은 이 계급들의 **정치적 성숙**입니다. 다시 말
하면 이 계급들이 국민의 영속적인 경제적 및 정치적 권력 관
심을 그 밖의 모든 고려보다 더 높이 평가할 줄 아느냐 또 그때
마다 그렇게 할 능력이 있는가를 우리는 묻는 것입니다. 만약
자기 계급의 이해(利害)를 국민 일반의 이해와 순진하게도 동
일시하는 것이 국민 일반의 영속적인 권력 관심과 일치한다면,
이것은 이 국민에게는 다행스러운 일입니다. 그리고 다른 한편
에서 만약 정치적인 공공심은 서로 다른 일상의 경제적 이해라
는 무게로 시험해보면 이것을 감당하지 못하며, 그 정치적인
공공심은 아마도 저 변하기 쉬운 이해상황이라는 경제적 하부
구조의 반영물에 불과할 것이라고 생각한다면, 이것 역시 보통
쓰고 있는 말의 의미에서 '경제적인 것'을 현대적으로 과대평
가하는 것에서 기인하는 잘못된 생각 중의 하나입니다. 그러한
생각이 맞아떨어지는 것도 사회의 근본적인 재편성 시기에만
해당하며, 그것도 대체적으로 그렇습니다. ― 다음의 한 가지

점만은 진실입니다. 즉 영국 국민의 경우에는 경제 번영이 정치적인 권력 상황에 달려 있다는 사실이 일상적으로 분명하지만, 그렇지 못한 국민들의 경우에는 이 특별히 정치적인 관심에 대한 본능이 그날그날의 고난과 싸워야 하는 광범위한 국민 대중의 마음에는 깃들어 있지 않다는 점, 적어도 일반적으로는 깃들어 있지 않다는 점이 그것입니다. 하기야 그들에게서 그러한 본능을 요구한다면, 이는 부당한 일일 것입니다. 전쟁의 경우와 같은 중대한 시기에는 국민의 힘의 중요성이 그들의 마음에도 떠오릅니다. 이 경우 분명한 사실은 국민국가란 국민 중 경제적으로 지배받는 광범위한 계층에서도 자연적인 심리적 토대가 되며, 경제적 지배계급의 조직이라는 '상부구조'에 불과한 것은 결코 아니라는 점입니다. 그러나 평상시에는 이러한 정치본능은 대중의 경우 의식의 문턱 아래에 가라앉아 있습니다. 이럴 때에는 정치감각의 소유자가 되는 것이 경제적 및 정치적 지도층의 특수한 역할입니다. 이것이 정치적으로 지도층의 존재를 정당화할 수 있는 **유일한** 근거입니다.

한 계급에게 **정치지도에 대한 계승권**이 있다는 생각을 들게 한 것은 어느 시대나 **경제권력의 획득**이었습니다. 경제적으로 몰락하는 계급이 정치 지배권을 잡고 있다면, 이것은 위험합니다. 그리고 그것이 오래 지속되면, 이는 국민의 이익과 일치할 수 없습니다. 그러나 이보다 더 위험한 것은, 경제권력과 함께 정치지배에 대한 계승권이 어느 계급에게로 옮겨가고 있는데도 이 계급이 국가를 지도하기에는 정치적으로 아직 성숙하지 못한 경우입니다. 이 두 가지가 바로 지금 독일을 위협하고 있으며, 사실은 그것이 현재 위험한 우리의 처지를 풀어주는 열쇠입니다. 그리고 내가 강연을 시작할 때 말한 현상들은 동부의 사회구조 재편성과 관련되어 있는데, 이 동부의 사회구조 재편성 역시 좀 더 큰 이러한 연관 속에서 행해져야 합니다.

현대에 이르기까지 프로이센 국가에서 왕가는 정치적으로 프로이센의 융커계급에 의지해 왔습니다. 왕가가 프로이센 국가를 창설한 것은 융커계급에 대항하기 위해서였지만, 그러나 융커계급과 함께해서만 그렇게 할 수 있었습니다. 융커라는 이름이 남부 독일인들이 귀에는 불쾌하게 들린다는 것을 저는 잘 알고 있습니다. 만약 내가 융커에게 유리한 말을 한 마디라도 한다면, 여러분은 아마도 제가 '프로이센 사람 같은' 말투로 말한다고 생각하실 것입니다. 저는 잘 알지 못하지만, 영향력과 권력에 이르는 많은 길과 군주에게 접근하는 많은 길도 프로이센에서는 오늘날에도 여전히 그 계급에게 주어져 있습니다. 그런 길이 국민 모두에게 열려 있지 않습니다. 그 계급은 이 권력을 항상 역사에 대해서 책임질 수 있는 방식으로는 사

용하지 않았습니다. 그래서 나는 왜 시민계급 출신의 학자가
그 계급을 사랑해야 하는지 이해할 수 없습니다. 그러나 그럼
에도 불구하고 융커계급이 지닌 정치본능의 힘은 국가의 권력
이익을 위해 사용될 수 있었던 가장 강력한 자본의 하나였습니
다. 융커계급은 그들의 할 일을 다 했으며 오늘날에는 결사적
인 경제투쟁을 하고 있습니다. 국가가 어떤 경제정책을 쓰더라
도, 그들을 이 투쟁에서 벗어나서 옛날에 지녔던 사회적 성격
으로 돌아가게 할 수는 없을 것입니다. 그리고 현대의 과제 역
시 그들에 의해서 해결될 수 있는 것과는 다른 것입니다. 사반
세기 동안 독일의 정상에는 융커의 마지막 최대 인물[15]이 서 있
었습니다. 그의 정치가로서의 인생행로는 더할 나위 없이 위대
하였지만, 이와 동시에 그의 인생행로에는 비극성이 붙어 다녔
습니다. 이 비극성은 오늘날에도 여전히 많은 사람들이 알아
보지 못하고 있습니다. 그렇지만 미래의 사람들은 아마도 이
비극성이 다음과 같은 점에 있다는 사실을 알게 될 것입니다.
즉 그의 손으로 이루어진 작품, 말하자면 그가 통일시킨 국민
이 그의 치세하에서 서서히 또 어쩔 수 없이 경제구조를 바꿔

---

15   비스마르크.

118

서 다른 국민 — 그가 일찍이 줄 수 있었고 또 그의 케사르적인 성질이 적응할 수 있었던 그런 질서와는 다른 질서를 요구하지 않을 수 없었던 국민 — 이 되었다는 점에 있다는 사실을 말입니다. 결국은 바로 이 점이 원인이 되어 그의 필생의 사업이 부분적으로 실패하였습니다. 왜냐하면 이 필생의 사업은 국민의 외적인 통일뿐만 아니라 내적인 통일도 이끌었어야 했는데, 우리 모두가 알다시피 이 일은 달성되지 않았습니다. 그 일은 그가 사용한 수단으로는 달성될 수 없었습니다. 그리고 그가 작년 겨울에 군주의 총애를 한 몸에 받으며 화려하게 장식된 수로로 들어갔을 때,[16] — 자는 잘 알고 있습니다만 — 마치 현대판 키프호이저(Kyffhäuser) 산[17] 이야기처럼 작센의 숲[18]이 그의 동굴을 열어준다고 느낀 사람들이 많이 있었습니다. 그러나 모든 사람이 그렇게 느낀 것은 아니었습니다. 왜냐하면 마치 1월의 대기 속에서 역사의 무상함이라는 차디찬 입김을 느낄 수 있는 것 같았기 때문입니다. 우리는 숨이 막히는 듯한 어떤 이상한 감정에 사로잡혔습니다. 그것은 마치 한 영혼이 위대한 과거에

---

16 비스마르크는 1894년 1월 16일 황제 빌헬름 2세의 초대를 받아 베를린의 황제 궁을 방문하였다. 1월 16일은 황제의 생일이었기 때문에 수도가 장식되었다.

서 아래로 내려와 그에게는 낯선 세계를 새로운 세대 속에서 헤매고 다니는 듯한 느낌이었습니다.

동부의 대농장들은 시골에 흩어져 있는 프로이센 지배계급의 보루였으며 관료층의 사회적인 연결점이었습니다. 그러나 이 보루들이 붕괴함에 따라, 즉 옛 토지귀족이 지녔던 사회적 성격이 사라짐에 따라 정치지식인들의 무게 중심은 계속해서 도시로 이동하고 있습니다. 이 이동이 동부 농업발전의 결정적인 **정치적 계기**입니다.

그러나 융커계급의 그 정치적 기능은 누구의 손에 넘어갔으며, 또 그것을 물려받은 사람들의 정치적 사명은 어떤 것입니까?

저는 시민계급의 일원이며 스스로도 그렇게 느끼고 있습니다. 또한 시민계급의 견해와 이상 속에서 교육을 받았습니다. 그러나 불쾌하게 들리는 말을 하는 것은 바로 우리 과학의 사

---

17 키프호이저는 중부 독일의 튀링겐 주에 있는 산 이름으로, 이곳에는 황제 바바로사(붉은 수염왕)에 대한 전설이 있다. 즉 황제 바바로사는 죽은 것이 아니고 키프호이저산 속의 동굴에서 잠자고 있으며, 국가에 위기가 닥치면 나라를 구하기 위해 다시 깨어난다는 것이다.

18 당시에 비스마르크는 배후에 작센의 숲이 있는 프리드리히스루에서 은퇴 생활을 하였다.

명입니다. 그래서 독일의 시민계급이 국민을 정치적으로 지도하는 계급이 될 만큼 정치적으로 성숙했는가라고 자문해본다면, 나는 오늘날 이 물음에 대해 그렇다고 대답할 수 없습니다. 독일이라는 나라는 시민계급 자신의 힘으로 생겨나지 않았습니다. 독일이 생겼을 때 국민의 정상에 있었던 것은 시민계급이라는 가지와는 다른 가지 출신인 저 케사르 같은 인물[19]이었습니다. 위대한 권력정치의 과제들이 다시는 국민에게 주어지지 않았습니다. 훨씬 나중에야 비로소 수줍게 또 반쯤은 마지못해서 해외 진출의 '권력정치'가 시작되었습니다. 그러나 이것은 권력정치라는 이름을 얻을 가치가 없습니다.

그리고 이렇게 해서 국민의 통일이 달성되고 그들이 확실히 '정치적으로' 만족한 다음에는, 성과에 도취되고 평화를 갈망하는 독일 시민계급의 젊은이들에게 이상하게도 '비역사적'이고 비정치적인 정신이 찾아왔습니다. 독일의 역사는 끝난 것 같았습니다. 현대는 지난 수천 년에 걸쳐 완전히 이루어진 것이었습니다. 미래의 사람들은 이와 다르게 판단할지도 모른다고 묻고 싶은 사람이 누가 있겠습니까? 정말이지 세계사에는

---

19 비스마르크.

겸손이 있는 것 같았습니다. 그래서 독일 국민의 이러한 성과들을 제쳐놓고 세계사의 매일 매일의 진행 의사일정으로 넘어가는 것은 허락되지 않습니다. 오늘날 우리는 도취에서 깨어났습니다. 환상의 베일을 벗기려는 시도는 우리에게 어울리는 일입니다. 이 베일은 독일의 역사 발전에서 우리 국민이 차지하는 위치를 가리기 때문입니다. 그리고 그런 시도를 하면 우리는 다르게 판단할 것 같습니다. 우리는 역사가 어느 세대에게 생일 선물로 선사할 수 있는 가장 혹독한 저주를 날 때부터 받았습니다. 즉 정치적 **아류**라는 가혹한 운명을 말입니다.

우리가 조국의 어디를 바라보든 간에, 바로 지금은 조국의 옹색한 운명이 우리를 마주 보고 있지 않습니까? 지난 몇 개월 사이에 일어난 사건들은 시민계급 출신의 정치가들이 제일 먼저 책임지지 않으면 안 되는데, 최근 며칠 동안 독일 의회에서 이야기되었고 또 많은 곳에서 의회에 대해 이야기한 너무나도 많은 말을 보면, 정치 아류들의 처사들이 얼마나 천박한지를 알 수 있습니다. 우리 중에서 사소한 것을 증오하는 힘이 남아 있는 그런 사람들은 분노가 섞인 슬픈 열정을 가지고 그들을 바라보고 있습니다. 독일의 정상에 서서 독일의 명성을 지구의 가장 먼 구석에까지 빛나게 한 저 강렬한 태양은 우리에게는 너무 위대해서 시민계급의 서서히 발달한 정치적 판단능력을 완전히 불태워버린 것 같습니다. 도대체 우리는 시민계급이 어떻다고 느끼고 있을까요?

대부르주아들의 일부는 너무나도 공공연하게 새로운 독재자의 출현을 갈망하고 있습니다. 아래로는 올라오고 있는 서민계급으로부터, 위로는 사회정책상의 변덕으로부터 자신들을 지켜주는 독재자의 출현을 말입니다. 그들은 사회정책이 변덕스러운 이유가 독일의 왕가들 때문이라고 의심하고 있습니다.

그리고 대부르주아들의 또 다른 일부는 오래전부터 저 정치적인 속물근성에 빠져 있는데, 소부르주아의 폭넓은 계층들은 이 정치적인 속물근성에서 아직 한 번도 깨어난 적이 없습니다. 통일전쟁들[20] 이후 적극적인 정치과제의 첫 번째 시작인 해외 확대 사상이 국민에게 다가왔을 때, 그때 이들에게는 **경제**에 대한 아주 단순한 이해력조차 없었습니다. 이 이해력이 있었다면, 독일의 국기가 이곳저곳의 해안에서 나부낀다는 것이 먼 바다에서의 독일 무역에 무엇을 의미하였는지를 그들은 알았을 것입니다.

독일 시민계급의 광범위한 층이 정치적으로 성숙하지 못한

---

20 1864년 프로이센과 오스트리아의 연합 대 덴마크 전쟁, 1866년 프로이센 대 오스트리아 전쟁, 1870~1871년 프로이센 대 프랑스 전쟁.

책임은 경제적인 원인에 있지 않으며, 또 심하게 비난받은 '이익 추구 정책'에 있지도 않습니다. 이 '이익 추구 정책'으로 말할 것 같으면, 다른 국민들도 우리 못지않습니다. 그 원인은 독일 시민계급의 비정치적인 과거에 있습니다. 즉 한 세기나 걸리는 정치교육 사업이 10년 안에 만회될 수 없었으며, 또 한 사람의 위인의 지배가 반드시 정치교육의 수단은 아니라는 점에 있습니다. 그러므로 독일 시민계급의 정치적 미래에 대한 가장 진지한 물음은 지금으로서는 이런 것입니다 : 정치교육 사업을 만회하는 것이 이제는 너무 **늦은** 것이 아닌가? 어떠한 **경제적** 계기도 정치교육 사업을 대신할 수 없습니다.

다른 계급들이 정치적으로 더 위대한 미래의 담당자가 될까요? 현대의 프롤레타리아는 자신들이 시민계급 이상(理想)의 상속자라고 자신 있게 말하고 있습니다. 그들이 국민의 정치적 지도를 계승할 가능성은 어느 정도일까요?

오늘날 독일의 노동자계급에게 그들이 정치적으로 성숙해 있다거나 또는 정치적으로 성숙해지는 중에 있다고 말하는 사람이 있다면, 이 사람은 아첨꾼일 것입니다. 그는 평이 나쁜 인기의 왕관을 얻으려고 애쓰는 것입니다.

경제적으로는 독일 노동자계급의 최상위층이 유산계급의 이기주의가 인정하고 싶은 것보다 훨씬 더 성숙해 있습니다. 그들이 공공연하며 조직화된 경제적 권력투쟁의 형식을 취해서라도 자신들의 이익을 대변할 자유를 요구하는 것은 당연한 일입니다. **정치적으로는** 그들은 그들의 지도를 독점하고 싶어 하는 한 저널리스트 일당들이 그들에게 믿게 하려고 하는 것보다 한없이 미숙합니다. 이 몰락한 부르주아 무리는 100년 전 시대의 추억[21]을 만지작거리고 있습니다. 이렇게 해서 실제로 얻은 것은 여기저기에서 불안한 기분에 사로잡힌 사람들이 독일 노동자계급의 최상층을 국민공회 사람들[22]의 정신적인 계승자로 여긴다는 사실입니다. 그러나 독일 노동자계급의 최상층은 그들 자신이 그렇게 보인 것보다 훨씬 더 위험하지 않습니다. 그들에게는 저 반역자적인 실행력의 불꽃이 없습니다. 그렇지만 또한 국민회의의 회의장 안을 가득 채웠던 강렬한 **국민적** 정열의 입김도 전혀 없습니다. 그들에게는 정치지도라는 사명을 띤 계급이 지니는 위대한 권력본능이 없습니다. 사람들은 노동자들로 하여금 그렇게 믿게 하고 있지만, 자본 관계자들만 오늘

---

21 프랑스대혁명.

22 국민공회는 프랑스대혁명의 막바지인 1792년 9월 21일에 소집되어 1795년 10월 26일까지 존속한 입법기관이다. 국민공회 기간 중에 루이 16세의 처형, 봉건적 특권의 폐지 등이 행해졌다. 국민공회의 사람들이란 이 시기에 활약한 마라, 당통, 로베스피에르, 생쥐스트 등을 가리킨다.

날 국가에서 노동자계급의 공동지배를 정치적으로 반대하는 것이 아닙니다. 독일 학자들의 거실을 아무리 뒤져도, 노동자계급은 학자들이 자본과 이익공동체를 이루고 있다는 흔적은 거의 찾지 못할 것입니다. 그러나 우리는 그들에게도 그들의 **정치적** 성숙을 묻습니다. 위대한 국민에게는 **정치적으로** 교육받지 못한 **속물근성**에 의한 지도보다 더 파괴적인 것이 없기 때문에, 또한 독일의 프롤레타리아는 아직도 이 성격을 잃어버리지 않았기 때문에, 이 때문에 우리는 독일 프롤레타리아를 정치적으로 반대하는 것입니다. 그런데 영국이나 프랑스의 프롤레타리아는 부분적으로 무슨 까닭에 이와는 다른 성격을 갖고 있을까요? 영국 노동자계급의 조직화된 이익투쟁이 이 계급에게 실시해온 오랜 **경제** 교육활동만이 그 이유인 것은 아닙니다. 그 이유는 역시 무엇보다도 **정치적** 계기, 즉 **세계강국이라는 지위의 반향**입니다. 이 세계강국이라는 지위 때문에 국가는 끊임없이 위대한 권력정치적 과제에 직면하고 또 개개인은 지속적으로 정치훈련을 쌓게 되는데, 우리 나라의 개개인은 국경이 위협받을 때에만 급하게 그 정치훈련을 받습니다. 우리의 발전에 대해서도 결정적인 것은 과연 위대한 정치가 거대한 정치적 권력문제의 의의를 또다시 우리에게 분명히 보여줄 수 있는가라는 문제입니다. 만약 독일의 통일이 독일의 세계적인 권력정치의 종결이지 그 출발점이 아니라고 한다면, 독일의 통일은 국민이 만년(晩年)에 저지른 객기였으며 또한 이 때문에 지불한 희생이 컸음을 생각하면 통일을 하지 않는 편이 나았을 것이라는 사실을 우리는 이해하지 않으면 안 됩니다.

그런데 우리의 상황을 **위협하는** 것은 시민계급이 국민의 권력 이해(利害)의 담당자로서는 쇠퇴한 것 같은데도 아직 노동자계급이 그것을 대신할 만큼 성숙하기 시작했다는 징조가 전혀 없다는 사실입니다.

위험은—최면에 걸려 사회 밑바닥을 응시하는 사람들이 믿고 있는 것처럼—**대중**에게 있지 않습니다. **피지배자들의 경제** 상태에 대한 문제가 아니라, 오히려 **지배**계급과 **상승하는** 계급에게 **정치**능력을 부여하는 문제가 사회정책 문제의 궁극적인 내용이기도 합니다. 우리의 사회정책 활동의 목적은 세상을 행복하게 하는 것이 아닙니다. 그 목적은 현대의 경제발전이 뭉개버린 국민을 미래의 힘든 투쟁에 대비해서 사회적으로 통합시키는 것입니다. 오늘날 우리의 노동계급에게는 유감스럽게도 정치감각이 결여되어 있습니다. 그런데 만약 이 정치감각의 소지자가 될 '노동귀족'을 만들어내는 데 실제로 성공한다면, 그때야말로 창(槍)이 저 딱 벌어진 시민계급의 어깨 위에 놓여져도 좋을 것입니다. 그러기에는 그들의 팔이 아직도 충분히 강해 보이지 않지만 말입니다. 어쨌든 그렇게 되기까지는 갈 길이 여전히 먼 것 같습니다.

그러나 지금으로서는 우리는 거대한 정치교육 사업을 행해야 한다는 한 가지 일을 알고 있습니다. 그러므로 바로 **이** 과제를 의식하면서 각자가 그의 작은 활동범위에서 우리 국민의 **정치**교육에 협력하는 것보다 더 중대한 의무는 우리에겐 없습니다. 우리 국민의 정치교육은 여전히 바로 우리 과학의 궁극적인 목적일 수밖에 없습니다. 과도기의 경제발전은 자연적인 정치본능을 해칠 위험이 있습니다. 그렇지만 경제학이 똑같은 목적을 추구하더라도 만약 경제학이 자주적인 '사회정책상'의 이상이라는 환상하에서 연약한 행복주의를—비록 정신화된 형태의 것이라 하더라도—배양한다면, 이는 불행한 일일 것입니다.

따라서 바로 우리는 다음과 같은 사실을 당연히 잊지 않아야 합니다. 즉 만약 우리가 국민의 평화로운 미래 사회에 대한 불신임투표를 조목조목 공식화하려고 한다면, 또는 만약 지상의 정권이 세속적인 권위를 유지하기 위해 교회와 손을 잡는다면, 이것은 정치교육과는 반대된다는 사실을 잊지 않아야 합니다. 그러나—이런 표현을 허용해주신다면—상투적인 사회정책가들이 점점 그 수가 늘어나면서 끊임없이 합창하며 천편일

률적으로 짖어대는 소리 역시 정치교육과는 반대됩니다. 그리고 정치이상을 '윤리적인' 이상으로 대체할 수 있다고 생각하며 다시 이 '윤리적인' 이상을 순진하게도 낙관주의적인 행복의 희망과 동일시하는 사람들의 부드러운 심성은 사랑할 만하고 존경할 가치가 있지만, 그럼에도 불구하고 말할 수 없이 고루합니다. 그러므로 이러한 심성의 연약화 역시 마찬가지로 정치교육과는 반대됩니다.

새로운 세대의 가장 날카로운 사회적 양심을 괴롭히는 국민 대중의 엄청난 곤경에 직면해서도 역시 우리는 다음과 같이 솔직하게 고백하지 않으면 안 됩니다. 즉 이보다 더 무겁게 오늘날 우리를 짓누르는 것은 **역사에 대한** 우리의 책임의식이라고 말입니다. 우리가 행하는 투쟁이 열매를 맺었는지, 후세의 사람들이 **우리를 그들의 조상이라고** 공언할 것인지에 대해 우리 세대는 볼 수 없습니다. 우리는 우리가 받고 있는 저주, 즉 정치적으로 위대한 시대 뒤에 태어났다는 그 저주를 떨쳐버릴 수 없습니다. 우리가 좀 더 위대한 시대의 선구자라는 다른 존재가 될 용의가 있지 않다면 말입니다. 우리가 역사에서 그런 자리를 차지할 수 있을까요? 저는 모릅니다. 저는 다만 자기 자신과 자신의 이상에 충실하는 것이 젊은이의 권리라고만 말하겠습니다. 그리고 인간을 늙게 하는 것은 세월이 아닙니다. 자연이 우리에게 부여한 **위대한** 열정을 가지고 사물을 느낄 수 있는 한, 그는 젊습니다. 그리고 이와 마찬가지로 — 이것으로 제 강연을 끝마치겠습니다만 — 위대한 국민은 수천 년에 걸친 영광스러운 역사를 짊어지고 있다고 해서 그 무게 때문에 노쇠하지 않습니다. 그들이 자기 자신과 자신에게 부여된 위대한 본능을 신봉한다고 고백할 능력과 용기를 갖고 있다면, 그리고 그들의 지도층이 차갑고 맑은 대기 속에 솟아올라서 독일 정치의 사려 깊은 활동을 번성시키고 또 이 활동이 가장 진지하면서도 영광스러운 국민감정에 의해 고취된다면, 그 위대한 국민은 여전히 젊은 것입니다.

옮긴이의 말

이 책은 독일의 사회학자 막스 베버(1864~1920)가 1917년 독일 대학생들을 상대로 한 강연 〈직업으로서의 학문(Wissenschaft als Beruf)〉을 우리말로 옮긴 것이다. 여기에서는 《과학론 논문집(Gesammelte Aufsatze zur Wissenschaftslehre)》(제3판, München und Leipzig, Verlag von Duncker & Humbolt, 1930)에 들어 있는 것을 번역의 대본으로 삼았다. 그리고 베버가 1895년 3월 프라이부르크대학에서 행한 경제학교수 취임 강연 〈국민국가와 경제정책(Der Nationalstaat und die Volkswirtschafts politik : Akademische Antrittsrede)〉을 부록으로 실었다. 번역의 대본으로는 《정치저작집(Gesammelte Politische Schriften)》(Institut für Pädagogik der Universität Potsdam, Potsdamer, 1999. Internet-Ausgabe)에 있는 것을 이용하였다. 이것은 베버가 밝힌 바와 같이 당시의 강연 그대로가 아니라 출판을 위해서 일부 가필된

것으로 베버가 죽은 후 그의 아내 마리안네 베버에 의해《정치저작집》에 첫 번째 논문으로 수록되었다. 그리고 이전 책은 〈직업으로서의 학문〉을 〈직업으로서의 정치〉와 함께 묶었는데, 이번에는 분책하게 되었다.

〈직업으로서의 학문〉은 〈직업으로서의 정치〉(1919)와 함께 베버의 대표적인 강연이다. 이 두 강연은 바이에른 자유학생연맹이 개최한 연속강연〈직업으로서의 정신노동(Geistige Arbeit als Beruf)〉의 일부로서 행해진 것이다. 이 학생단체가 연속강연을 기획한 계기가 된 것은 사회학자 알프레드 베버(1868~1958)의 제자로 자유학생연맹의 지도자인 알렉산더 슈밥의 논문이었다. 슈밥은 〈직업과 청년(Beruf und Jugend)〉이라는 논문에서 직업생활은 학문정신과 어울리지 않는다고 주장하였다. 슈밥의 이러한 판단이 옳은지를 검토하는 것이 연속강연의 목적이었다. 〈직업으로서의 학문〉 강연은 이 연속 강연 중 첫 번째 것으로 1917년 11월 7일 뮌헨의 슈타이니케 예술홀에서 행해졌다.

당시의 독일은 제1차 세계대전(1914~1918)의 막바지 단계에 있었다. 베버는 제1차 세계대전 중에는 조국의 입장을 지지했지만 강화(講和)협상에 드러난 독일 지도층의 비타협적인 자세에 대해서는 강력하게 반대하며 그들을 어떻게든 바꿔보려고 애썼다. 강연은 독일의 이러한 사회정치적인 분위기 속에서 이루어졌다. 주최자 측은 베버가 좁은 의미에서의 직업 문제에 대해 말해주기를 바랐을 뿐만 아니라 예언자나 설교자의 역할도 해주기를 은근히 기대하였다. 그렇지만 그는 냉정한 절제 속에서 학문의 의미와 가치, 그리고 학자가 해야 할 일과 해서는 안 되는 일에 대해 자신의 의견을 개진하였다.

베버에 따르면 현대문명의 가장 중요한 정신적 사건은 세계의 탈주술화, 주지주의화, 합리화이다 : "우선 과학과 과학기술에 의한 이 주지주의적 합리화가 도대체 실제로 무엇을 뜻하는지를 명백히 해봅시다. 가령 그것은 오늘날 우리가 … 인디언이나 호텐토트인보다 자신이 살고 있는 생활조건에 대해서 더 잘 알고 있다는 것을 뜻합니까? 거의 그렇지 않습니다. 전차를 타는 우리 중의 누구도 — 그가 전문 물리학자가 아니라면 — 전차가 어떻게 해서 움직이게 되는지를 전혀 알지 못합니다. 또 그것에 대해 알 필요도 없습니다. 시내 전차의 움직임에 '의지' 할 수 있으면, 그는 그것으로 충분합니다. 즉 그는 자신의 행동을 전차의 움직임에 맞추면 됩니다. 그러나 전차가 어떻게 만들어졌기에 그렇게 움직이는가에 대해서는 그는 아무 것도 모릅니다. 그러나 미개인은 자신의 도구에 대해서 비교할 수 없을 정도로 훨씬 더 그것을 잘 알고 있습니다 … (중

략) … 그러므로 주지주의화와 합리화가 증대하고 있다고 해서, 그것이 자신이 처해 있는 생활조건에 대한 일반적인 지식이 증대하고 있다는 것을 뜻하지는 않습니다. 오히려 그것은 다른 것을 뜻합니다. 즉 그것은 원하기만 한다면 언제라도 배워서 알 수 있다는 것, 따라서 생활에 개입하는 그 어떤 힘도 근본적으로는 결코 신비하고 계산할 수 없는 힘이 아니라는 것, 오히려 모든 사물은—원칙적으로는—계산을 통해 지배할 수 있다는 것을 알고 있거나 그렇게 믿고 있다는 것을 뜻합니다. 그런데 이것은 세계의 탈주술화를 뜻합니다. 그러한 힘의 존재를 믿은 미개인처럼, 정령을 지배하거나 간원해서 그 마음을 움직이기 위해 이제는 더 이상 주술적인 수단에 호소할 필요가 없습니다. 오히려 기술적인 수단과 계산이 그것을 성취합니다. 무엇보다도 이것이 주지주의화 자체를 뜻합니다"(이 책 32~34쪽).

그리고 이러한 합리화와 주지주의화, 특히 세계의 탈주술화로 인해 우리 시대에는 숭고한 가치들이 공공의 무대에서 물러났다. 이런 상황에서는 학문이 더 이상 진정한 존재로의 길, 진정한 예술로의 길, 진정한 자연으로의 길, 진정한 행복으로의 길이 아니다. 그렇다면 학문은 오늘날 어떤 의미가 있는가? 베버가 보기에는 세 가지 점에서 학문이 우리의 실제적인 삶에 도움을 줄 수 있다. 첫째, 우리의 생활을 계산을 통해 지배할 수 있게 해주는 기술적 지식을 제공한다. 둘째, 사고의 방법이나 도구, 이를 위한 훈련으로서 의미를 가진다. 셋째, 명확함을 얻도록 도와줄 수 있다. 즉 학문은 이러이러한 입장을 취할 경우 이러이러한 수단을 사용해야 한다는 것을 가르쳐주거나, 아니면 이러이러한 목적을 얻고자 한다면 이러이러한 부수적인 결과도 감수해야 한다는 것을 가르쳐줄 수 있다. 또한 베버는 이러한 기술적 비판 이상의 것을 학문에 기대한다. 즉 책임윤리적 신념을 보급하는 데에도 학문이 기여할 것으로 보고 있다. 결국 강연의 요지를 베버 자신의 말로 표현하면 다음과 같은 것이 될 것이다 : "학문은 오늘날에는 자각과 사실관계의 인식에 이바지하기 위해 전문적으로 행해지는 '직업'이지 구원재와 계시를 주는 예견자나 예언자로부터 받는 은총의 선물이 아니며 또는 세계의 의미에 대한 현인과 철학자의 성찰의 일부분도 아닙니다. 물론 이것은 우리의 역사적 상황의 불가피한 소여인데, 우리가 우리 자신에게 충실한 한에서는 우리는 그것으로부터 벗어날 수 없습니다"(이 책 67쪽).

〈국민국가와 경제정책〉에 관하여

1894년 9월 베버는 프라이부르크대학의 경제학 정교수에

취임하였다. 그리고 그는 관례에 따라 이듬해 5월 13일 '국민 국가와 경제정책'을 주제로 약 한 시간에 걸쳐 연설하였다. 그는 강연할 때 시간과 청중 수준을 고려해 독일 역사학파 경제학을 비판하는 부분은 생략했지만, 강연문을 소책자로 출간할 때는 그 부분을 다시 추가하였다.

강연은 크게 세 개의 주제를 다루었다. 첫 번째 주제는 프로이센 동부의 농민문제였다. 베버는 1892년에 행한 연구 〈엘베 강 동쪽 지역의 농업노동자 실태〉를 간단히 요약하면서 통속적인 유물론을 비판하였다. 즉 폴란드인 농민과 독일인 농민은 예전부터 똑같은 생활조건에 있었지만, 육체적으로나 정신적으로 똑같은 성질을 갖지 않았다. 베버는 주어진 사회경제적 생활조건에 더 큰 적응력을 가진 민족이 승리한다고 주장하였다.

두 번째 주제는 경제정책의 가치기준에 대한 것이었다. 베버에 따르면 경제정책에 대한 과학은 일종의 정치적인 과학이며 정치의 시녀이다. 따라서 독일 경제정책의 가치기준은 독일일 수밖에 없다.

세 번째 주제는 독일국민의 정치 성숙도였다. 베버는 독일국민을 구성하는 세 개의 계급(융커, 시민계급, 노동자계급)에 대해 정치적인 평가를 하였다. 우선 융커계급은 대농장을 소유한 보수적인 토지귀족들로 자기들만의 폐쇄사회를 형성하였다. 그렇지만 베버가 보기에 이들은 몰락하는 계급이었다. 베버는 이들을 다음과 같이 평가하였다 : "경제적으로 몰락하는 계급이 정치 지배권을 잡고 있다면, 이것은 위험합니다. 그리고 그것이 오래 지속되면, 이는 국민의 이익과 일치할 수 없습니다. 그러나 이보다 더 위험한 것은, 경제권력과 함께 정치지배에 대한 계승권이 어느 계급에게로 옮겨가고 있는데도 이 계급이 국가를 지도하기에는 정치적으로 아직 성숙하지 못한 경우입니다"(이 책 116~117쪽). 베버는 자신이 시민계급의 일원으로서 시민계급의 이상 속에서 교육받아왔다고 고백하였다. 그러나 그는 시민계급이 국민을 지도하기에는 아직 준비가 덜 되었다고 판단하였다. 즉 독일의 시민계급은 경제적으로는 상승하고 있지만 정치교육을 받지 못했고 또한 그들의 비정치적 과거로 인해 정치적으로 미숙하다는 것이었다. 노동자계급은 어떤가? 경제적으로는 독일 노동자계급의 최상위층은 성숙해 있지만, 정치적으로는 한없이 미숙하다. 따라서 베버는 다음과 같이 말하였다 : "위대한 국민에게는 정치적으로 교육받지 못한 속물근성에 의한 지도보다 더 파괴적인 것이 없기 때문에, 또한 독일의 프롤레타리아는 아직도 이 성격을 잃어버리지 않았기 때문에, 이 때문에 우리는 독일 프롤레타리아를 정치적으로 반대하는 것입니다"(이 책 126쪽).

그러면 어떻게 해야 하는가? 거대한 정치교육 사업을 해야 한다. 달리 말하면, 역사에 대한 책임의식을 고취시켜야 한다. 그리고 베버는 다음과 같은 말로 강연을 끝마쳤다 : "위대한 국민은 수천 년에 걸친 영광스러운 역사를 짊어지고 있다고 해서 그 무게 때문에 노쇠하지 않습니다. 그들이 자기 자신과 자신에게 부여된 위대한 본능을 신봉한다고 고백할 능력과 용기를 갖고 있다면, 그리고 그들의 지도층이 차갑고 맑은 대기 속에 솟아올라서 독일 정치의 사려 깊은 활동을 번성시키고 또 이 활동이 가장 진지하면서도 영광스러운 국민감정에 의해 고취된다면, 그 위대한 국민은 여전히 젊은 것입니다"(이 책 130쪽).

젊은 경제학자의 강연은 당시에 커다란 파문을 일으켰다고 한다. 베버는 다음과 같이 썼다 : "나의 비정한 견해에 공포를 느낀 자들도 있었다. 가장 만족한 자들은 가톨릭신자들이었다. 〈윤리적 문화〉라고 하는 것에 대하여 호된 일격을 가했기 때문이다"(다음에서 재인용. H. H. 거드 & C. W. 밀스, 〈막스 베버의 생애와 업적〉, 이종수(편저), 《막스 베버의 학문과 사상》, 한길사, 서울, 1981, P. 26). 〈국민국가와 경제정책〉은 베버의 정치의식을 분명하게 드러냈다는 점에서 중요하지만, 강연의 의의는 거기에만 그치지 않는다. 경제와 정치, 경제와 인간의식의 관계에 대해 그가

한 분석에는 유물사관에 대한 간접적인 비판도 들어있다는 점에서, 그 강연은 그의 방법론의 출발점이라고 볼 수 있다.

〈직업으로서의 학문〉은 그동안 〈직업으로서의 정치〉와 하나의 짝을 이루며 많이 읽혀져왔고 또 그렇게 연구되었다. 그런데 〈직업으로서의 학문〉을 베버가 학문을 선택했을 때의 강연과 함께 읽으면 어떨까? 그의 사상을 색다르게 음미할 수 있는 기회가 될 것이라는 생각이 든다.

2017년 3월

이상률

옮긴이 이상률

고려대학교 문과대학 사회학과와 같은 대학원을 졸업하고, 프랑스 니스대학교에서 수학했다. 현재는 번역가로 활동 중이다. 주요 번역서로는 클로드 프레드릭 바스티아의 《국가는 거대한 허구다》, 가브리엘 타르드의 《모방의 법칙》, 《여론과 군중》, 표트르 크로포트킨의 《빵의 쟁취》, 막스 베버의 《도교와 유교》, 《직업으로서의 정치》, 칼 뢰비트의 《베버와 마르크스》, 로제 카이와의 《놀이와 인간》, 데이비드 리스먼의 《고독한 군중》, 세르주 모스코비치의 《군중의 시대》, 피터 L. 버거의 《사회학에의 초대》, 그랜트 매크래켄의 《문화와 소비》 등이 있다.

직업으로서의 학문

1판 1쇄 발행   1994년 8월 10일
증보판 3쇄 발행 2024년 5월 1일

지은이 막스 베버 | 옮긴이 이상률
펴낸곳 (주)문예출판사 | 펴낸이 전준배
출판등록 2004. 02. 11. 제 2013-000357호 (1966. 12. 2. 제 1-134호)
주소 04001 서울시 마포구 월드컵북로 21
전화 393-5681 | 팩스 393-5685
홈페이지 www.moonye.com | 블로그 blog.naver.com/imoonye
페이스북 www.facebook.com/moonyepublishing | 이메일 info@moonye.com

ISBN 978-89-310-1046-6 03300

• 잘못 만든 책은 구입하신 서점에서 바꿔드립니다.

문예출판사® 상표등록 제 40-0833187호, 제 41-0200044호